JN410245

특별한 소풍

김풍오 수필집

소소리

특별한 소통

김풍오 수필집

1판 1쇄 인쇄/ 2019년 1월 10일
1판 1쇄 발행/ 2019년 1월 15일

지은이 / 김 풍 오
펴낸이 / 우 희 정
펴낸곳 / 도서출판 소소리

등록 / 제300-2007-21호
주소 / 03073 서울 종로구 성균관로 5길 39-16
전화 / 765-5663, 010-4265-5663
e-mail: sosori39@hanmail.net
www.sosori.net

값 12,000 원

*잘못된 책은 바꿔드립니다.

ISBN 979-11-5891-133-1 03810

김풍오 수필집

특별한 소풍

책을 내면서

오랜 직장 생활에서 은퇴하고 나니 허탈감과 소외감이 몰려왔다. 어떻게 지내야 할지 막연했다. 더구나 오랫동안 살았던 대전에서 서울로 오니 생활환경이 급격히 변하여 모든 것이 낯설었다. 직장에 다닐 때 은퇴 후의 준비를 전혀 하지 않은 것도 후회되었다.

폴 발레리의 말이 생각났다.

"생각한 대로 살지 않으면 사는 대로 생각하게 된다."

내가 이제 생각하는 대로 살지 못하고 하루하루 닥치는 대로 살아야 한다는 생각에 기분이 우울해졌다. 기술 분야에서만 일을 해서 세상을 너무 좁게 살았구나 하는 생각이 들었다. 이제부터라도 인생의 스펙트럼을 넓혀야겠다는 다짐을 하게 되었다. 그래서 안 해본 일을 해야겠다고 마음먹었다. 그중에 하나가 여행이었다.

혼자서 하는 자유여행은 기획 단계에서부터 실행까지 6개월 이상 걸린다. 일정은 어떻게 하고 교통편은 어떻게 해야 싸고 편한지, 숙소는 어디가 좋을까, 방문지에서는 어디를 가보아야 할까 등등. 처음 유럽으로 자유여행을 계획하는 것은 내게는 하나의 큰 프로젝트였다.

유레일을 타고 처음 가보는 도시에서 보고 느끼는 것들이 재미있었다. 역시 백문이 불여일견임을 느꼈다. 누군가 내게 말했다. 혼자 여행 가면 심심하지 않느냐고. 나는 낯선 곳에 도착하면 호기심이 발동한다. 역사와 문화, 그곳 사람들은 어떤 생활방식으로 사는지 궁금하다. 여행객들은 '하이' 한마디면 다 친구가 된다. 그들과 얘기하다 보면 시간 가는 줄 모른다. 건강을 위해서는 등산보다 좋은 것이 없다고 생각해 본격적으로 하기로 하였다.

여행은 계속 되었고 등산엔 나날이 재미가 붙었다.

여행을 갔다 와서 여행 소감을 써보려고 하니 잘 써지지가 않았다. 써 놓은 걸 내가 읽어 보아도 문장이 너무 단조롭고 감흥이 없었다. 평생을 기술서적을 읽고 기술문서를 써왔기 때문에 그런 관습과 패턴이 몸에 배어 있기 때문이라고 생각했다.

단기 문학 강의를 들었다. 수필계의 선배들과 대화를 할 때마다 그들의 독서량과 경험에 기가 죽기도 했었다. 강의를 듣고 습작을 쓰고 그에 대한 품평을 받으니 그전보다 훨씬 나아진 것 같았다. 미숙한 대로 여행기와 산행기를 쓰고 클럽에서 품평을 받은 글들을 모아 보니 책을 낼 수 있는 분량이 되었다. 많이 부족하고 내놓기에 부끄럽기도 하지만 용기를 내어 책을 내기로 하였다.

2020년 1월

저자 김풍오

▸차 례

▸책을 내면서

1. 길 위에서

두브로브니크 호스텔에서 ―・12
류블랴나 기행 ―・17
메이지 신궁 ―・23
베를린 민박집 ―・27
브라티슬라바에서의 하루 ―・32
성 소피아 성당 ―・38
카자흐스탄의 고려인 ―・42
카토비체에서 만난 사람들 ―・47
포프라드의 펜션 ―・52
할리우드 거리의 풍경 ―・58
노이슈반스타인 성의 노을 ―・62

2. 하이킹의 매력

6월의 설악산 —· 70
금병산 가는 길 —· 75
다산회 —· 80
두릅이 부른다 —· 85
비수구미의 비경 —· 92
소백산의 상고대 —· 96
전문산악인이 된 사연 —· 101
키르기스스탄의 추억 —· 106
경이로운 태항산 —· 112
호도협에 가다 —· 121

3. 취미 생활

게티미술관 —·130
사운드 오브 뮤직 투어 —·134
선 행 —·139
수담예찬(手談禮讚) —·144
어느 아침의 탁구장 풍경 —·149
원자탄과 평화공원 —·153
탁구 예찬 —·160
템플스테이 —·165
특별한 소풍 —·171
한강 풍경 —·176
후쿠시마 망령 —·180

4. 점 있는 생각

'사랑에 대한 모든 것'을 보고 — · 188
열흘째 열대야 — · 192
간송미술관을 찾아서 — · 194
뇌와 건강 — · 196
돌아온 부의금 — · 201
마음의 짐 — · 205
사회 규범 — · 209
에러 메시지 — · 213
음용불가 — · 217
일체유심조 — · 221
제2의 인생 — · 226
채움과 비움 — · 232

1.

길 위에서

두브로브니크 호스텔에서

크로아티아 여행도 막바지에 이르렀고 전형적인 가을 날씨를 보여주고 있다. 처음에 도착했을 때 비가 억수로 쏟아지고 바람이 불던 때와는 영 딴판이다. 크로아티아 중부에 있는 스플리트 관광을 끝내고 마지막 여행지인 크로아티아 최남단에 있는 두브로브니크에 가기 위해 고속버스에 몸을 실었다. 버나드 쇼가 “두브로브니크를 보지 않고 천국을 논하지 말라.”라는 말을 남겼다고 한다. 토인비는 “어두운 대륙에 아침 해가 떠오르고 있었다.”라고도 말했다. 이런 도시를 향해 가는 여행자의 마음은 설렘으로 가득 차 있다. 세계 최초의 의료보험이 실시되었다는 두브로브니크는 당시에 무역강국이었던 베네치아 공국과 경쟁한 중세 무역의 중심으로 찬란한 문화를 자랑하였다. 14세기에 세계 최초의 약국과 검역병원을 설립하였으며 15세기에는 노예무역을 금지한 선진 국가였다.

두브로브니크에 도착해 미리 예약한 유스호스텔에 체크인 하고 있으니 스플리트에서 같이 버스를 타고 온 사람이 내 뒤에 기다리고 있었다. 반갑게 인사를 하고 배정된 방에 들어가 있으니 곧이어 그 친구가 들어왔다. 그의 이름은 브랜든이고 아일랜드 더블린 출신으로 런던에서 일한다고 했다. 그는 친화력이 있었고 우리는 금세 죽이 맞아 친구가 되었다. 대충 짐 정리를 끝내고 이 도시의 유명한 고성(古城)에 가기로 했다. 걸어가면서 그는 최근에 구조조정 대상이 되어 실직 상태라고 고백했다. 컴퓨터 관련 회사에 근무하다 회사가 구조조정을 하게 되었는데 그가 해당되었다는 것이다. 나이 40이지만 미혼인데다 부양가족이 없는 그는 구조조정 우선순위였던 것이다. 그래서 기분 전환이라도 할 겸 크로아티아 관광길에 나선 것이라 하였다. 여기저기 이력서를 제출해 놓고 왔지만 걱정이라고 말했다. 나는 크로아티아의 기를 듬뿍 받아 가면 좋은 일이 있을 거라고 위로해 주었다.

'아드리아 해의 진주'라고 불리는 도시답게 중세의 모습을 잘 간직하고 있는 고성은 고색창연한 건물과 에메랄드빛의 바다가 어우러져 한 폭의 그림 같다. 유고 내전 때에 이 고성이 하마터면 사라질 뻔했다고 한다. 세르비아가 두브로브니크에 폭격을 시작하자 전 세계의 학자들이 두브로브니크 앞바다에 배를 띄우고 빛나는 세계문화유산을 지키고자 함께 외쳤다. 그렇게 해서 아드리아해의 진주가 살아남았다. 요새처럼 동그랗게 축성된 성벽의 안쪽에 빨간 지붕의 집들이 석양의 햇빛을 받아 반짝이고 있는 모습이 동화 속의 한 장면 같다. 고성에는 세계 각국의 관광객들로 활기가 넘쳤다. 광장의 한 모퉁이에서 전통적인 복장을 한 악사가 노을빛에 잠기며 현악기를 연주하고 있다. 악기에서 나오는 선율이 천년 고성의 모습과 잘 어우러져 가을의 정취를 한껏 고양시키고 있다.

고성의 성벽에 오르니 아드리아해의 바닷바람이 시원하게 불어온다. 에메랄드빛의 지중해를 바라보며 값진 상품을 싣고 무역선이 항구로 들어오는 것 같은 상상을 해 보았다. 여기에서 『동방견문록』을 쓴 마르코 폴로가 태어난 섬이 멀지 않다고 한다. 그는 1260년 베네치아를 출발하여 실크로드를 따라 원나라에 당도했다. 1295년 귀국할 때는 푸저우(福州)의 취안저우(泉州)에서 배를 타고 싱가포르, 인도를 거쳐 호르무즈해협에 이르는 해로를 택했다. 거기서부터 육로로 콘스탄티노플을 경유하여 베네치아로 돌아왔다. 들리는 바에 의하면 그 섬에 한 한국 처녀가 크로아티아인과 결혼하여 살고 있다고 한다.

나는 브랜든과 저녁까지 그곳에서 유적을 둘러보고 내일 몬테네그로 여행을 예약하고 숙소에 들어왔다. 이곳 유스호스텔은 위치가 좋아 항상 투숙객들로 붐빈다고 한다. 오늘도 예외가 아니어서 수학여행을 온 학생들을 비롯하여 관광객들로 북적이고 있다.

저녁이 되자 우리 방에는 투숙객들이 오기 시작했다. 외모가 동양적 풍모가 엿보이는 이스라엘에서 온 수학 교수는 이곳에서 학회

가 열려 참석차 왔다고 한다. 프라하에서 온 키가 큰 남자는 업무로 출장 왔다고 한다. 농구가 취미며 미국 NBA 중계를 즐겨 본다는 그는 키가 2미터나 되어 그가 서면 좁은 방이 꽉 차는 느낌이다. 역사를 전공했는데 한국에 대해서도 잘 알고 있었다. 이승만, 박정희 등 전직 대통령 이름도 줄줄 대는 걸 보고 적잖이 놀랐다. 캘리포니아에서 온 건축학을 전공하는 학생은 배낭여행으로 유럽에 처음 왔다고 했다. 스플리트에서 일을 보러 왔다는 미남형의 크로아티아인은 나에게 요즘 갑자기 엄청나게 들어오는 한국인 관광객들에 대해 물었다. 한국에서 최근에 '꽃보다 누나'라는 크로아티아 특집을 방영하여 한국 사람들의 관심이 대단하다고 말해주었다. 크로아티아 정부에서 이들에게 훈장을 주어야 한다고 말했더니 그는 정부에 추천하겠다고 농담도 했다. 우리 방은 마치 '비정상회담' 프로그램처럼 한참 동안 얘기꽃을 피웠다.

다음날 아침에 일어나니 시장기가 돌아 좀 일찍 식당으로 갔다. 어제 저녁에 얼핏 보았던 동양인이 거기에 있었다. 그는 나에게 식사 시간이 언제인데 밥을 안 주냐고 물었다. 8시에 오픈인데 아직 10분 남았다고 했다. 그는 아침 식사를 하면서 식사가 부실하다고 불평을 하였다. 작년 상파울로에서의 아침은 아주 풍성했다는 것이다. 나는 호스텔에 몇 번 안 와봤지만 아침식사 제공은 이번이 처음이라 감지덕지 하는 참이었다. 그는 50년 전에 미국으로 이민 간 일본인이고 뉴욕에 산다고 했다. 치과 주치의가 한국인이라고 친근감을 표시했다. 나이는 78세이고 이번 여행은 한 달여에 걸쳐 발칸 반도를 일주하는 것이란다. 나에게 버킷 리스트를 아느냐고 물으며 자신은 이번 여행도 그중의 하나라고 말했다. 느릿느릿한 말투처럼 그는 모든 게 여유롭게 보였고 자유스런 영혼의 소지자였다. 그에게 나의 버킷 리스트가 하나 더 추가되었다고 말했다. 그것은 당신처럼 그 나이에 자유여행을 즐기는 것이라고 말했더니 껄껄 웃었다.

류블랴나 기행

'꽃보다 누나'라는 프로그램으로 요즘 각광을 받고 있는 크로아티아를 방문한 것은 가을의 문턱에 들어선 9월 초순이었다. 몇 달 간의 준비를 거쳐 보름 여정으로 자그레브에 도착한 첫날 하필 비가 내렸다. 며칠째 오는 비로 홍수가 난 곳도 있다고 한다. 청명하기로 유명한 이곳 가을 날씨에 장맛비 같은 비가 내리는 것은 매우 드문 경우라고 한다. 다음날 비를 무릅쓰고 자그레브에서 버스를 타고 플리트비체 국립호수공원에 갔으나 세차게 오는 비 때문에 포기하고 돌아왔다. 세계적인 명승지를 눈앞에 두고 못보고 돌아가는 심정은 연인을 남겨두고 떠나는 기분이었다.

첫 번째 관광은 실패해서 그런지 다음 목적지인 슬로베니아의 류블라나로 출발할 때는 더욱 기대가 컸다. 자그레브의 민박집을 나설 때는 빗방울이 떨어졌는데 기차를 탈 때는 비가 멎었다. 자그레브역에서 출발하는 기차를 타고 6인 좌석의 열차칸에 자리를 잡았다. 조금 있으니까 한 동양인 가족이 들어왔다. 그들은 싱가포르에서 왔다고 했다. 부부와 아들이었는데 아들은 런던에 유학 중이고 부모는 휴가를 받아 합류하여 여행을 하고 있다고 했다. 부인은 한국 드라마를 즐겨 본다고 했다. 요즘은 어딜 가나 한류 얘기를 듣는다. 어디 가냐고 물으니 블레드라고 했다. 유고연방 시절 티토가 애용했던 휴양지이고 김일성이 티토와 회담 후 블레드의 경치에 반해 2주간을 더 체류했다던 곳이다. 이번 여행 일정에 이곳을 넣지 못한 것은 나의 중대한 실수였다.

차창 밖을 보니 선로를 따라 흐르는 진한 흑갈색의 강물이 넘실대며 흐르고 있다. 지난 며칠간 세차게 내린 비 때문이다. 선로와 나란히 흐르는 사바강 건너편에서 펼쳐지는 목가적 풍경을 감상하며 그들과 이야기하는 사이 기차는 류블랴나에 도착했다. 새로운 도시를 탐구하는 일은 가슴을 설레게 하는 일이다.

역에 내려서 관광안내소에 들러 시내 지도를 얻었다. 화장실에 들렀는데 돈을 받지 않았다. 내가 가본 유럽 도시에서는 처음이다. 역사 옆에 있는 맥도날드에 들어가 커피를 마시면서 지도를 대강 훑어보았다. 대충 방향을 잡고 시내 중심가를 향해 걷기 시작했다. 트램(전차)이 없는 류블랴나는 조용하고 정원처럼 잘 가꾸어진 도시였다. 우선 중심가에서 제일 높은 곳에 위치한 류블랴나 성으로 방

향을 잡았다. 고풍이 물씬한 거리를 지나 가파른 길을 올라가다 한 친구를 만났다. 그는 스페인 그라나다에서 왔다고 했다. 유명한 알함브라 궁전이 있는 도시로 스페인에서 제일 아름다운 도시라고 자랑하면서 그곳을 꼭 봐야만 한다고 했다. 그의 말을 들으니 '알함브라의 추억'의 멜로디가 머릿속에서 맴돈다. 언제 들어도 감미로운 음악이다.

산 정상에 자리 잡고 있는 류블랴냐 성은 11세기에 건설된 것으로 지금은 각종 전시회와 이벤트 장소로 이용되고 있고 미슐랭 별 두 개의 레스토랑도 있다. 아름다운 시내 전경이 한눈에 들어왔다. 저 멀리 알프스산맥의 자락도 눈에 들어온다. 성을 내려와 중세시대 모습을 간직한 거리를 지나니 작은 강에 다다랐다. 시내를 관통하는 류블랴차냐강은 청계천보다 조금 크지만 수량은 풍부했다. 강의 좌우로 카페, 음식점과 가게 등이 정연하게 들어서 있고 시민과 관광객들로 성시를 이루고 있었다. 특이하게도 강을 잇는 다리에 용을 형상화한 조각물이 자주 눈에 띄었다. 이 나라의 건국신화에 용이 등장한다고 한다. 서양에서는 용을 상서롭지 않은 동물로 인식하는 것으로 알고 있는데 슬로베니아인들은 그렇지 않은 것 같다. 슬로베니아에 동양문화적 요소가 있다니 친밀감이 느껴진다.

노천카페에서 커피를 한잔 마시고 프레세레노브 광장을 찾아 갔다. 세 개의 다리라 해서 트리블 브릿지에 있는 이곳은 광장이라 하기엔 협소한 공간이었다. 이곳에는 슬로베니아의 민족 시인인 프란츠 프레세렌의 동상이 서 있다. 그는 슬로베니아 국가를 작사하여 국민의 사랑을 받고 있는 인물이다. 합스부르크 제국의 지배를 받던 시절에 농부의 아들로 태어나 빈 대학에서 교육을 받고 고국으로 돌아와 시를 통해 독립운동을 하였다. 그의 애틋한 사랑 이야기가 전해지고 있다. 어느 날 성당에서 그는 부유한 상인의 딸 율리아를 만나게 된다. 그녀를 보는 순간 첫눈에 반해 사랑에 빠지지만 신분의 차이로 그들의 사랑은 이루어지지 못했다. 그녀는 다른 남자와 결혼했지만 그녀를 향한 사랑은 평생토록 지속되었고 주옥같은 수십 편의 사랑의 시를 낳게 했다.

그의 동상을 보면 어딘가 한 곳을 쳐다보고 있다. 그 시선을 따라가 보니 한 여인의 조각상이 있다. 그의 평생의 사랑 율리아였다. 이미 남의 부인이 된 그녀를 사랑스런 눈빛으로 응시하고 있는 모습이다. 율리아 조각상은 건너편 건물의 2층에 창과 창 사이에 놓여져 있다. 나는 그녀가 얼마나 예뻤으면 한눈에 반해 일생 동안 사랑을 했는가 싶어 조각상을 찬찬히 살펴봤다. 그러나 조그맣게 새겨진 조각상을 보아서는 얼마나 미인이었는지 알 수가 없었다.

사람이 사랑에 빠지면 사랑 호르몬(도파민과 페닐에틸아민)이 분비된다고 한다. 이 사랑의 묘약은 유효기간이 있어 시간이 지나면 사랑이 식어가는 것이 '사랑의 엔트로피법칙'이라고 한다. 그는 유효기간이 없는 사랑의 묘약을 가지고 있었나 보다. 프레세렌의 사랑 이야기를 듣고 나서 우리나라의 비슷한 로맨스가 떠올랐다. 청마 유치환 시인과 시조시인 이영도와의 사랑 이야기다. 유치환은 오천 통의 연애편지를 썼다 하니 그들의 사랑 깊이가 어떠하였는지 짐작이 간다. 모두 이루어질 수 없는 사랑이었기에 그 애틋함이 사람들의 가슴을 울린 것은 아니었을까. 하지만 사랑이 이루어졌다면 영혼을 울리는 주옥같은 시들이 태어날 수 있었을까?

아마도 다음의 청마의 「행복」이란 시를 보면 조금은 이해할 수 있지 않을까 생각해 본다.

사랑했으므로 행복하였네라
사랑하는 것은 사랑을 받느니 보다 행복하느니라.
오늘도 나는 에메랄드 빛 하늘이 환히 내다뵈는
우체국 창문 앞에 와서 너에게 편지를 쓴다.

메이지 신궁

도쿄의 날씨는 서울보다 따뜻한 편이다. 그래도 아침저녁에는 공기가 차가워 한국에서 입고 온 겨울옷 차림으로 다녀야 편하다. 우리는 오다이바에 있는 그랜드 니코 호텔을 나서서 메이지 신궁(神宮)으로 가기 위해 전철을 탔다. 다이바역에서 유리카모메선을 타고 신바시역에서 내려 신궁이 있는 하라쥬꾸에 가기 위해 JR선으로 갈아탔다. 도쿄의 지하철 계통은 운영자가 몇 개가 되어 불편하다. 운영자가 틀리면 갈아탈 때마다 표를 다시 사야하니 돈도 들고 귀찮다. 버스와 연계되어 있는 서울 교통체계는 그 편의성과 경제성으로 보면 비교가 안 될 정도이다.

하라쥬꾸에서 내려 얼마 안 가니 메이지 신궁이 보였다. 자잘한 자갈로 깔린 길을 따라 들어가니 신사에 바쳐진 커다란 술통들이 보이고 그 앞에 커다란 도리이가 위풍당당하게 서 있다. 이 도리이는 오래된 삼나무로 만든 것으로 높이가 12m나 되는 일본 최대 규모라 한다. 일본의 신사 입구에는 '天'자 모양의 문이 있다. 사람의 뜻을 신에게 전달해 줄 매개체인 새가 쉬어 갈 장소를 신사 앞마당에 세운 것이 도리이(鳥居)다. 오래전부터 일본인은 새를 신의 사신으로 믿어 왔다. 우리 조상들도 해와 새를 동일한 존재의 두 가지 표상으로 보았다고 한다. 고구려의 벽화에 나오는 해 속에 세 개의 발이 달린 까마귀, 삼족오(三足烏)가 들어 있다.

메이지 신궁은 메이지천왕과 쇼우켄황태후를 기리는 일본 최대의 신사이다. 도심 속의 쉼터로 자리 잡은 신궁에는 창건에 즈음하여 전국 각지에서 365종의 나무 10만 그루가 헌목되어 지금의 푸르름을 이루고 있다. 대부분의 일본인들은 새해 벽두에 신사를 찾아가 새해 소망을 염원하는 하쓰모데(初詣)를 올리는데 메이지 신궁에서 하쓰모데를 올리는 참배객 수가 수백만 명이나 된다고 한다. 일본 전역에 퍼져 있는 신사 수가 8만 5천여 개라니 일본인들의 신도(神道)에 대한 믿음의 깊이를 알 수 있겠다.

오늘도 주말을 맞아 신궁을 찾은 많은 일본사람들이 보였다. 연초가 지난 지 한참 된 1월말이지만 아직도 신궁에는 소망을 염원하는 사람들로 북적이고 있다. 입구에서부터 도장을 찍어주는 어주(御朱)라든가 오후다를 파는 곳들이 여기저기 산재해 있다. 오후다는 부적의 일종인데 일본인들은 집안화평이나 학업성취 등에 효험이 있다고 생각한다.

본전(本殿)에 들어가니 사람들이 모여 무언가를 구경하고 있었다. 그들에 끼여 살펴보니 신사에서 행하는 일본의 전통 결혼식이었다. 결혼식을 위해 식장으로 들어가는 것 같은데 신사의 정통 복장을 한 승려가 제일 앞에 서고 뒤따라 일본의 전통의상인 기모노를 입은 신부와 신랑이 따라가고 있었다. 일본에서는 아이가 태어나면 신사에 등록을 하고, 결혼식을 할 때에는 신사에서 주관하는 혼례식을 따르는 경우가 많다고 한다. 일본인들은 인생의 중요한 매듭마다 신사를 참배한다. 가령 아기가 태어나면 일정 기간(통상 남아는 32일, 여아는 33일)이 지난 다음 모친과 조모가 아기를 안고 신사를 참배하여 건강한 발육과 행복을 기원한다. 이를 '오미야마이리'라 한다. 또한 아이가 3세(남녀 공통), 5세(남아), 7세(여아)가 되는 해의 11월 15일에도 신사를 참배하는데, 이런 관례를 시키고산(七五三) 축하연이라 한다.

본전 앞에는 예배를 드리는 배전(拜殿)이 있어, 신관(神官)이 이곳에서 의식을 행하고 참배자는 예배한다. 본전에서 신도들이 예를 올리기 위해서는 사전 준비가 필요하다. 본전에 들어서면 입구 왼쪽에 조그만 우물이 있고 거기에는 긴 손잡이의 대나무 컵이 있다. 이는 참배하기 전에 몸을 정갈히 하기 위해 손을 닦고 입을 헹궈 내는 것이다. 나도 입을 헹궈내고 몇 모금 마시니 물맛도 좋다. 물론 여기서는 물을 마시면 안 되지만 말이다. 일본인들은 그만큼 신사에서의 참배를 중히 여기고 경건하게 실시하는 것이다. 본전에는 두 줄로 길게 늘어선 사람들이 참배를 기다리고 있었다. 참배자는 박수를 치고 배전 기둥에 매달려있는 두꺼운 밧줄을 당겨 종을 울림으로써 본전에 모셔져 있는 신에게 자신의 존재를 알린다.

이들을 보고 있노라니 이틀 전에 가보았던 아사쿠사에 있는 센소지(淺草寺)에서의 모습이 떠오른다. 센소지는 628년에 세워진 도쿄도 최고의 절로 일본사람들이 많이 찾는 곳이다. 절의 본당 전면에는 커다란 향로에서 독특한 향기의 향을 피우는데 그 연기를 쐬면 몸에 좋다고 사람들로 북적이고 있었다. 그런데 본당 오른쪽에 작은 규모의 신사가 있었다. 아사쿠사 신사는 센소지 창립자의 공덕을 기리기 위해 건립되었다고 한다. 이걸로 보아서 불교와 신도는 서로 대립하지 않고 어떤 유대감이 조성되어 있지 않나 하는 생각이 든다. 일본인이 믿는 주요 종교는 신도와 불교가 주류를 이루고 있는데 탄생과 결혼은 신도 의식으로 장례는 주로 불교 의식으로 한다고 하는 것이 이해된다.

베를린 민박집

여행 그것은 미지의 세계에 대한 호기심으로 항상 설레고 한편으론 두려움도 갖게 한다. 퇴직 후에 안 해본 것을 해본다고 배낭여행을 생각했을 때 처음에는 걱정도 많았다. 여행 일정을 잡고 숙소를 정하고 여러 가지 여행 준비를 해보니 걱정보다는 호기심과 설렘이 더 많아지는 것이었다. 러시아 항공사인 아에로플롯 비행기는 모스크바를 거쳐 나를 베를린 공항에 무사히 데려다 주었다. 여행의 시발점인 베를린에서 묵을 민박집인 '김치'로 발걸음을 옮겼다.

공항에서 전철을 타고 여행책자인 '이지 유럽'에 있는 주소대로 샬로텐부르크에서 내려 카이저-프리드리히가 54번지를 찾았다. 그런데 53번지와 55번지는 있는데 54번지가 찾을 수가 없었다. 54번지를 찾기 위해 그 블록을 몇 번이나 돌았으나 헛수고만 할 뿐이었다. 그곳 주민에게 몇 번 물어 길 건너 맞은편에서 찾을 수가 있었다. 번지수를 8차선이나 되는 큰 도로를 두고 지그재그로 정한 것인 줄을 몰랐던 까닭이다. 민박집은 우리나라로 치면 연합주택 같은 구조로 되어 있었다. 높은 대문을 열고 들어가니 널따란 정원이 있고, 다시 아파트 문을 열고 들어가면 다시 '김치' 민박집에 들어갈 수 있는 구조다. 그래서 내 방까지 들어가려면 4개의 열쇠가 필요했다. 이 건물은 지어진 지 100년이 넘었다고 하나 지금도 별 불편 없이 산다고 한다.

10시 가까이 되어 배정된 방에 들어갔는데 이미 두 사람이 곤하게 자고 있었다. 아침에 일어나 알고 보니 한 사람은 대학생으로 아일랜드를 거쳐 캐나다로 가서 인턴으로 일할 예정이라고 한다. 다른 한 사람은 천안에서 자동차 부품 사업을 하는 사업가로 이곳 베를린에 관련 전시회에 왔다고 한다. 그는 이 '김치' 민박집을 자주 이용하는 단골인데 무엇보다도 아침에 한국음식을 먹을 수 있어서 좋다고 했다. 그날 오후 집주인의 말을 들으니 그 대학생은 스웨덴에 2주 동안의 여행을 했는데 실연의 아픔을 안고 돌아와서 심신이 많이 피곤했을 거란다. 그가 사귀고 있던 여학생이 스웨덴에 유학을 몇 달 전에 갔고, 이 학생은 기쁜 마음에 애인을 만나러 스웨덴에 갔는데 글쎄 그새 그녀는 새 남자 친구를 사귀고 있었더라는 것이었다. 이제야 아침에 본 그 친구의 얼굴에 비친 우수의 잔영이 이해가 되었다.

여느 한국 가정에서 먹는 것처럼 차려놓은 아침밥을 배불리 먹고 시내 구경을 떠났다. 먼저 하루 종일 버스와 지하철을 이용할 수 있는 1일권을 샀다. 제일 먼저 간 곳은 브란덴부르크 문이었다. 18세기 말에 건축된 이 문은 동독과 서독이 분단되었을 때 베를린 장벽이 문 양쪽을 둘러싸고 있었다. 그래서 이 문은 동서 냉전의 상징적 존재였고 1990년 독일 통일과 더불어 장벽은 역사 저편으로 사라지고 이제는 베를린의 상징적인 이정표가 되었다. 다음은 찰리 검문소 자리였다. 분단 시에 이 검문소를 통하여 동독 주민들은 갖가지 방법을 동원하여 서베를린으로 자유를 찾아 탈출하였었다. 찰리검문소 박물관에는 자유를 찾아 탈출하는 갖가지 방법을 소개해 놓았다. 비행기구를 이용하거나 땅굴을 파기도 하고, 또는 차를 개조해서 검문소를 정면 돌파하기도 했으며 심지어는 쇼핑백에 숨어서 탈출을 하기도 했다. 눈물겨운 사연들이 많다.

베를린에서 인상 깊게 느낀 것은 시내도로가 널찍널찍하고 직선으로 쫙 뻗어 있다는 것이고, 도로 양쪽에 있는 인도도 넓고 인도

옆으로 조성된 작은 숲이 다른 어떤 나라에서는 볼 수 없는 풍경이었다. 과연 옛날 독일 제국의 풍모가 느껴졌다. 저녁에는 룸메이트인 황사장과 민박집 앞에 있는 선술집에서 맥주를 마시며 이런저런 이야기를 나누었다. 그는 민박집 주인인 김여사의 얘기를 하면서 그녀의 활달한 성격과 작년까지 운영하였던 한식 음식점 '김치'의 예를 들면서 보통 여자가 아니라며 경영적 수완이 자기보다 낫다고 그녀를 추켜세워 주었다.

다음날 아침 먹을 때 다른 방에서 투숙하는 사람들도 모였다. 그들은 모두 음악 공부하러 독일에 온 여학생들이었다. 아침을 먹고 나서 커피를 마시면서 김여사는 세금을 4,000만원이나 내야 되는데 자금 마련이 쉽지 않다고 불평어린 소리를 하였다. 나는 무슨 세금을 그렇게 많이 내야 하냐고 말했더니 올해 초에 그 동안 경영하던 한식 음식점 '김치'를 정리했는데 그동안 누적 이익에 대한 세금이 그 정도 된다고 하였다. 음식점이 워낙 잘되기도 하였지만 독일 세제는 우리와는 많이 다른 것 같다.

그녀는 1971년에 간호사로 독일에 와 몇 년 뒤 광부로 일하러 온 남자와 결혼하였다. 그 어렵던 시절 조국의 경제 발전에 초석이 된 외화벌이를 위해 이역만리 독일에 와 갖은 고생을 마다하지 않은 진정한 애국자들이었다. 그 당시에 독일에 파견된 광부·간호사가 받을 미래 임금을 담보로 서독에서 첫 상업차관을 받았다. 그 돈은 조국 근대화를 이룩하는데 사용되었다. 3년 전 남편이 세상을 먼저 떠나고 가족으로는 아들과 딸이 베를린에 살고 있다 한다. 아이들은 모두 이곳 명문인 베를린 자유대학을 나와 아들은 개인 사업을 하고 딸은 변호사인데 아직 둘 다 미혼이라 걱정이라고 말했다. 김여사는 체격도 크고 목소리도 허스키이며 성격이 시원시원하였다. 고국에는 자주 못나갔지만 친척과 친하게 지내 한국에 주식 투자로 재미도 보았는데 아파트를 사놓지 못한 것에 아쉬움이 있다고 했다. 남편이 못 사게 했다는 것이었다. 여기서도 마누라 말을 잘 안 듣는 남자가 있구나 생각했다.

베를린에서의 마지막 날에 아침을 먹으면서 김여사와 대화를 나누게 되었다. 그 전날 황사장이 떠나면서 나에 대해 말한 것이 있다고 했다. 그녀는 그가 나를 좋게 본 것 같다며 그의 회사에 고문 자리를 주고 싶었는데 나의 전공이 원자력이라 그의 회사와 매칭되는 것이 없어서 포기했다는 것이었다. 세상을 살다보면 특수한 것이 좋을 때도 있지만 나쁠 때가 더 많은 것 같다. 나는 그녀에게 "김여사님, 이제 고국에 돌아가 살고 싶지 않으세요?"라고 물었다. "아이들도 여기서 태어나고 자라서 생활하고 있으며 남편이 이곳에 잠들고 있어 베를린을 떠난다는 생각을 해본 적이 없어요. 갖가지 애환을 겪으며 40년 넘게 이곳에 살다 보니 여기가 고향이 되었어요. 베를린이 생각보다 살기가 좋아요."라고 말하는 것이었다. 그렇게는 말하였지만 고국에 있는 고향에 대한 그리움이 눈가에 살짝 어리는 모습은 감출 수가 없었다.

브라티슬라바에서의 하루

브라티슬라바는 슬로바키아의 수도이다. 907년에 건립된 이 도시는 파스텔 빛깔의 18세기 건축물들로 이루어진 아름다운 도시이다. 역에서 내려 주소와 안내문을 보고 찾아간 호스텔은 시내 중심가에 위치해 있어 편한 마음이 들었다. 도착한 다음날 유명하다는 데빈 성을 먼저 보기로 했다. 도심에서 서쪽으로 9㎞ 떨어져 있다. 호스텔에서 물으니 다뉴브강의 다리 아래에서 출발하는 29번 버스를 타고 가면 된다고 했다. 버스를 기다리며 다뉴브강을 바라보았다. 영어로는 다뉴브강, 독일어로는 도나우강, 슬로바키아에서는 두나이강으로 불린다. 며칠 전부터 내린 비로 수위가 높아졌고 도도하게 흐르는 강물은 황토색이다. 머릿속에는 아름답고 푸른 다뉴브강이라고 기억되어 있지만 지금은 아니다. 저 힘차게 물결치며 흘러가는 강물은 흘러 흘러 흑해에 도달할 것이고 종래는 다다넬스 해협을 지나 지중해로 합류하겠지. 바로 앞에는 5층 높이쯤 되는 커다란 유람선 두 척이 정박되어 있다.

버스를 타고 데빈에 도착하니 시간은 9시가 조금 넘었다. 너무 이른 시간이었나 보다. 관광객은 별로 없고 자전거 동호인들이 여기저기 보였다. 나는 저만치 보이는 데빈 성을 향해 발걸음을 옮겼다. 성 앞에는 과일을 팔기 위해 준비하는 청년이 보인다. 음식점과 상점들은 문을 열지 않았지만 성업이 되는 것 같지 않았다.

성안으로 들어가려고 입구에 갔더니 입장은 10시부터라고 써있다. 시간을 기다리느니 성을 바깥에서 둘러보기로 했다. 다뉴브강과 모라비아강이 합류하는 지점에 강을 바로 등지고 축조된 성은 뒷면이 아주 가파른 절벽이다. 방어를 위해서는 아주 좋은 지리적 조건이다.

데빈 성에는 슬픈 전설이 있다. 성의 군주 미쿨라스는 오스트라아 남부의 카린시아에 사는 마가렛을 만나 청혼을 한다. 마가렛의 아버지는 이를 거절하지만 그녀는 미쿨라스와 함께 데빈 성으로 온다. 이후 그녀의 삼촌 라파엘이 오스트리아로 데리고 갔지만 그녀는 다시 데빈 성으로 돌아오게 된다. 결혼식을 준비하던 중에 삼촌이 미쿨라스를 죽였고, 마가렛은 슬픔을 못 이겨 다뉴브강에 몸을 던졌다. 그녀가 투신한 탑을 처녀타워라고 지금까지 부르고 있다.

성은 많이 허물어지고 파괴된 곳이 많아 보였다. 성을 바깥에서 둘러보고 다뉴브 강변을 따라 걸으며 주위의 마을도 보았다. 브라티슬라바에서 보았던 유람선이 다가왔다. 비엔나로 가는 길이다. 나는 손을 흔들어 반가움을 표시했더니 갑판에 나와 있던 사람들이 손을 흔들어 답례를 했다.

성 안에 들어가 보고 싶은 생각이 쑥 들어갔다. 이제는 시내로 들어가려고 버스 정거장으로 갔다. 그런데 버스표를 사려고 주머니에서 동전을 꺼냈는데 80센트 정도 밖에 안 되었다. 충분한 줄 알았는데 버스요금 90센트에 조금 모자란다. 버스표 자동발매기는 지폐는 안 받고 동전만 사용된다. 동전을 얻기 위해 근처에 상점이 있겠지 하고 10여 분을 돌아다녀도 가게가 없었다. 제법 큰 마을인데도 가게나 커피숍이 없다니 고개가 갸우뚱거려진다.

버스를 타고 기사에게 사정을 해볼까. 우리나라처럼 버스 내에서 요금을 받지 않으니 사정을 얘기하고 무임으로 태워달라고 하는 것이다. 영어는 안 통하니 손짓 발짓으로 설명을 해야 한다. 슬로바키아는 오랫동안 공산권에 있다가 자유화된 지 얼마 되지 않았고 동구권에서도 좀 외진 곳에 위치해서인지 주민들과 영어로 소통이 되지 않았다. 아니면 지나가는 주민에게 사정을 얘기하고 지폐를 동전으로 바꾸어 달라고 하거나 1유로를 적선해 달라고 하는 것이다. 두 방법 모두 내키지가 않았다. 언어가 안 통하면 오해를 할 수가 있고 시간만 낭비할 수가 있다.

남은 선택은 걸어가는 것이다. 어차피 슬로바키아의 자연 경관을 보기 위해 왔는데 산천경개 구경하면서 시내로 가는 것도 나쁘지 않을 것 같다. 도로를 따라 유유자적하게 걸어가며 경치를 감상하였다. 그런데 좁은 도로에 인도가 따로 조성되어 있지 않아 지나가는 차를 조심해야 했고, 좀 더 여유가 있는 곳을 골라 도로를 이쪽 저쪽으로 옮겨다녔다. 세 시간여의 하이킹을 끝내고 시내로 들어가니 시장기가 돌았다. 이번 여행에서 처음으로 맥도날드를 찾았다.

햄버거 맛이 꿀맛 같았다.

지난주부터 아이스하키 세계선수권대회가 브라티슬라바에서 열리고 있는데, 이제 경기 막바지에 도달해 오늘은 3, 4위전과 결승전이 열린다고 한다. 16개국이 참가하여 열전을 벌인 끝에 러시아와 체코가 동메달을 놓고 경기를 하고, 캐나다와 핀란드가 우승컵을 놓고 자웅을 겨룬다고 도시가 축제 분위기다. 시내 중심가에는 참가국들의 응원팀이 자기 나라의 선수 유니폼을 입고 노래도 부르고 소리 지르며 떼로 돌아다녔다. 예상치 않은 풍경과 함께 고색창연한 건물들과 이 나라 사람들의 삶의 모습을 살펴보았다. 마지막으로 시내를 조금 벗어나 있는 브라티슬라바 성으로 갔다. 야트막한 언덕에 자리 잡은 성은 데빈 성과 달리 아주 잘 보존되어 있고 다뉴브강을 비롯해 시내 전경이 한눈에 들어와 경치가 볼만하였다. 주말이어서인지 많은 사람들이 성을 구경하고 정원을 거닐고 있다. 어느 노부부가 앉아 있는 의자에 앉게 되었다. 어디서 왔냐고 물으니 브라티슬라바에 산다고 하면서 이곳에 자주 온다고 한다. 시민들의 휴식처로 사랑 받고 있어 많은 사람들이 찾는다고 덧붙였다.

저녁은 중국집에서 먹고 늦은 시간에 호스텔 숙소에 들어갔다. 방에는 세르비아인, 독일인, 루마니아인이 얘기를 하고 있었다. 나는 모두 여행객인줄 알았는데 루마니아 사람은 브류셀에 있는 EU 본부에서 출장왔다고 했다. 내일 일요일에 EU의원 선거가 있어 감독차 왔다고 했다. 나는 출장비가 적잖게 나올 텐데 여기서 묵나

했는데 문득 옛날 생각이 났다. 회사에 다닐 때 외국 출장을 가게 되면 출장비를 아껴서 직장 동료나 가족들에게 선물을 사가야 했다. 그 아끼는 방법은 호텔을 싼 데로 하거나 둘이 같은 방을 쓰는 것이었다. 그러고 보니 뮌헨에서 데모를 본 것이 생각났다. EU를 지지하는 그룹들이 선거를 앞두고 벌인 데모였다. 유럽에서는 이민 등의 문제를 둘러싸고 극우 세력이 힘을 얻고 있다. 극우 세력이 확장되면 EU가 약해지고 결과적으로 유럽이 전체적으로 힘을 잃게 된다. 지금 세계는 미국과 중국의 슈퍼파워 중심으로 개편되고 있는데 이에 대항하려면 유럽이 힘을 합쳐야 된다는 논리다.

여러 가지 얘기가 오갔는데 마지막에 세르비아 사람이 내게 물었다. 트럼프의 등장으로 북한의 핵문제를 풀기 위해 북미 정상회담을 하는 등 노력하고 있는데 남북 관계는 잘되고 있느냐는 질문이었다. 그가 김정은의 이름을 알고 있듯이 북미회담은 세계가 주시하는 사건이었다. 나는 남북 관계가 교착 상태에 빠져있는데 그것은 남북문제가 당사자만의 문제가 아니고 북미 관계, 북중 관계 그리고 UN경제제재 문제 등과 얽혀 있어 복잡하다고 설명했다. 앞으로 잘될 것으로 생각하며 그래야만 한다고 말했다. 그도 고개를 끄덕이며 같은 민족이니 잘되기를 바란다고 했다.

브라티슬라바의 하루는 그렇게 보냈다.

성 소피아 성당

오랫동안 가고 싶어 했던 이스탄불이었다. 영화 속의 이스탄불을 볼 때마다 도시가 지닌 신비한 모습은 나의 상상력을 자극하곤 하였다. 이스탄불 공항에 가까웠다는 기내 방송을 듣고 창밖을 내다보니 보스포러스 해협의 검푸른 파도가 물결치고 있다. 유럽과 아시아를 잇는 두 개의 사상교와 새로 건설하고 있는 다리가 보였다. 새로운 다리는 SK건설에서 건설하고 있다고 한다. 가슴 뿌듯함을 느낀다.

이윽고 이천 년 역사를 간직하고 있는 이스탄불의 시내가 눈앞에 펼쳐졌다. 5월의 화창한 날씨에 비행기에서 내려다보이는 고도의 모습에 그 상상이 구체화되는 기대감으로 가슴이 뛰었다.

도착 다음날 첫 번째 방문지는 그랜드 바자르 시장이었다. 호텔에서 나와 버스를 타고 가는데 새벽 공기를 가르면서 달리는 트램과 버스와 승용차들로 도로는 아주 복잡하였다. 교통 체증이 심하지만 도로를 확장하거나 새로 건설하기가 아주 어렵다고 한다. 땅을 파기만 하면 유적이 나와 문화재 보전 조치를 해야 하니 공사를 끝내려면 부지하세월이라고 한다. 고대 그리스인이 처음 식민 도시를 건설해 비잔티움으로, 동로마제국(비잔틴제국)의 수도가 되면서 콘스탄티노플로, 오스만터키제국의 수도 이스탄불로 바뀌면서 이천여 년 간 영화를 누린 도시이니 도시 전체가 유적지가 될 수밖에 없다. 이스탄불은 아시아와 유럽을 잇는 지정학적 위치 때문에 육상 실크로드의 종착역과 해상 실크로드의 출발점이 되었다. 고대, 중세와 근세에 걸쳐, 동양과 서양의 문화와 문명이 접촉되고 융합되는 도시였다.

시내 어느 지점에 이르니 가이드가 길가의 철물점을 가리키며 한국전 참여 용사의 아들이 운영하는 가게라고 말했다. 가게에는 태극기를 걸어 놓고 있으며 한국전에 참여한 것에 큰 자부심을 느낀다고 한다. 터키인들은 그들 조상이 돌궐족이므로 한민족과 같은 뿌리라고 생각하여 한국을 형제의 나라라고 여긴다 한다. DNA검사를 해보면 한국인과 터키인의 유전자가 공통으로 있는 것이 있지 않을까.

열다섯 개의 돔 지붕으로 덮여있는 그랜드 바자르는 세계 최대의 지붕 있는 시장이라고 한다. 다양한 종류의 점포가 4,000개가 넘게 있어 이 세상에 여기에서 살 수 없는 물건은 없다고 할 정도라고 한다. 상인들의 호객소리와 아침부터 들이닥친 세계 각국의 관광객들로 시장은 번잡하기 이를 데 없다. 미로 같은 길을 지나가며 진열된 상품들을 구경하다 몇 가지 기념품을 샀다. 육상 실크로드의 종점으로 중국을 비롯한 아시아의 물품들이 거래되던 곳인데 지금도 중국 제품이 이곳의 상점을 점령하고 있으니 역사의 아이러니이다. 시장을 빠져나와 성 소피아 성당으로 발걸음을 옮기었다.

성 소피아 성당은 같은 자리에 세 번에 걸쳐 지어졌는데 첫 번째는 360년 콘스탄티누스 1세에 의해 만들어졌다가 화재로 소실되었다. 두 번째 역시 415년 테오도시우스 2세에 의해 건설되었지만 이도 화재로 불탔다. 현재의 건물은 유스티니아누스 1세에 의해 537년에 건설되어 당시 최고의 성당으로 명성을 떨쳤다.

1453년 오스만 제국의 술탄 메흐메드 2세는 비잔틴 제국이 수비를 위하여 견고하게 쌓은 3중 성벽을 뚫고 콘스탄티노플을 점령하여 천 년의 역사를 가진 비잔틴 제국을 멸망시켰다. 황제는 이스탄불에 입성하자마자 아야소피아로 향했고, 건물의 아름다움에 반해 파괴를 금지하고 성당을 모스크로 바꿀 것을 명했다. 수많은 성화로 화려하게 치장됐던 성당 내부 벽은 회칠로 덮이고, 구조도 모스크의 기능에 맞게 변경되어 481년간 이슬람 사원으로 사용되었다. 1934년 터키공화국의 초대 대통령 케말 아타튀르크 대통령이 아야소피아를 박물관으로 지정하였다. 지금은 기존의 회칠을 벗겨내어 성화와 벽장식을 복원해 놓았고 지금도 복원 작업이 한창이다. 기독교와 이슬람 두 종교가 한 공간에 공존하는 세계의 유일무

이한 건물이다.

본당 건물은 가로 100m, 세로 69.5m로 넓이가 7천 평방미터에 달하는 거대한 규모다. 비잔틴양식의 효시라고 불리는 이 건물의 중앙 천장에는 반지름이 30여 미터가 되는 거대한 돔이 있는데 높이는 55m나 된다. 이 돔의 무게를 분산시켜 지탱하도록 만든 그 당시의 건축기술이 놀랍다. 지금까지 몇 차례의 대형 지진도 견디어 낸 걸 보면 중세 시대의 세계 7대 불가사의로 꼽힐 만하다. 본당의 입구에 들어서니 양쪽에 똑같은 모양의 대리석 항아리가 보였다. 이 항아리는 헬레니즘 시대에 만들어진 것으로 16세기 중엽에 술탄이 베르가마에서 가져온 것으로 2000년이 넘었는데도 보존 상태가 아주 좋았다. 돔의 중앙에 비잔틴 제국 황제들의 대관식이 열렸던 옴파로스가 있는데 이는 '세상의 중심'이라는 뜻이라고 한다. 그 자리에 서보니 묘한 느낌과 아울러 엄숙한 기운이 느껴졌다.

경사가 완만한 통로를 따라 올라가 아래를 내려다보니 실내를 장식하고 있는 화려한 모자이크가 눈에 들어왔다. 수백 년 동안 회칠로 덮여졌던 모자이크가 복원 작업으로 그 자태를 드러내 아야소피아를 더욱 빛나게 하고 있다. 제단의 위에 성모 마리아와 아기예수의 모자이크가 아름답게 조각되어 있다. 공존과 화해의 상징으로 이스탄불은 꼭 기억되어야 할 인류의 가치이고 유산이다. 언젠가 기독교와 이슬람이 화해하는 날이 온다면 최종 회의는 이곳 아야소피아 박물관이 최적일 것이라는 생각을 하며 아야소피아를 나왔다.

카자흐스탄의 고려인

4월 중순의 카자흐스탄 날씨는 전형적인 봄 날씨였다. 말로만 듣던 중앙아시아의 관문 알마티 국제공항에 내려 호텔로 가기 위해 우리 일행은 버스를 기다렸다. 그러나 기다리던 버스는 안 오고 승용차 몇 대가 우리 앞에 왔다. 호텔로 가는 길에 주위 거리를 보니 온통 러시아 알파벳인 키릴문자이고 영어는 가물에 콩 나듯이 어쩌다 눈에 띈다. 키릴문자는 읽는 방식이 영어와 달라 도통 무슨 뜻인지 모르겠다. 새삼스럽게 카자흐스탄이 옛 소련 연방의 일원이었던 것이 떠올랐다.

다음날 시내 관광하면서 알마티의 지하철을 타보았다. 지하철 선로는 아주 깊게 설치되어 있었는데 아마도 100m 가까이 되는 것 같다. 승강장 공간도 승객을 위한 것이기보다는 대피소 역할을 할 수 있도록 널찍하게 만들어져 있다. 커다란 벽화가 그려져 있고 의자도 견고한 대리석으로 되어 있다. 소련연방 시절에 카자흐스탄에 핵무기가 배치되어 있었고 지하철은 핵전쟁에 대비해 건설되었다고 한다. 미국에서 온 친구는 모스크바 지하철을 타보았는데 지하철 내부의 화려한 장식과 규모에 놀랐었다고 말했다. 그는 고교동창으로 이번 트레킹에 합류하기 위해 미국에서 왔다. 중국 태항산 트레킹에도 참여했던 등산 마니아다. 우리가 우르르 전철 안으로 들어가자 앉아 있던 젊은이들이 자리를 양보하였다. 우리나라에서는 이제 젊은이들이 자리 양보를 잘 안하는데 이들 젊은이들의 행동은 신선했다. 알마티의 시내에 택시가 가뭄에 콩 나듯 보인다. 택시 표시가 안 된 승용차가 대부분 택시 역할을 하고 있다는 가이드의 설명을 듣고서야 이해가 되었다. 나중에 알고 보니 우버택시도 있고 나름대로 요금 규정이 있는 것을 알았다. 고르바쵸프의 페레스트로이카 시절 생활이 어려워지자 서민들이 호구책으로 음성적 택시 영업을 시작하였다고 한다. 그것이 지금까지 관행적으로 이어지고 있다고 한다. 공항에서 버스 대신 이용한 것이 택시였음을 알게 되었다.

알마티의 큰 시장인 '그린 마켓'에 갔다. 그린 마켓은 알마티의 대표 시장답게 갖가지 물품을 팔았고 잘 정돈된 시장은 쇼핑하기에 좋은 곳이었다. 우리들은 한국을 떠나오기 전부터 말고기에 대해 관심이 많았다. 말고기를 먹어본 친구들이 맛있다고 얘기하는 바람에 카자흐스탄에 가면 맛보자고 하였었다. 양고기, 소고기와 말고기 파는 정육점이 섹션별로 되어 있는데 그 규모가 상당하다. 그런데 정육점에서 일하는 수십 명의 점원들 대부분이 여자들이었다. 카자흐스탄이 회교권 국가인지라 점원들은 대부분 남자일 거라고 생각했는데 의외의 풍경이었다. 아마도 소비에트 연방 시절에 남녀평등을 강조하는 공산주의 영향일 것이라고 생각했다.

일행 중의 두 명이 말고기 코너에서 말고기를 사려고 흥정하고 있었다. 그들의 의도는 말고기를 사서 같은 장소에 위치한 현지 식당에서 먹으려고 했다. 손짓 발짓으로 소통하려 했으나 점원의 러시아말과 영어가 허공에서 맴돌다 사라지기만 할 뿐이다. 말고기 대신 말고기 순대를 근처 상점에서 사는 것으로 일단락되었다. 우리는 바로 옆에 즐비한 반찬가게로 방향을 돌렸다. 이미 거기에는 친구 부인들이 김밥을 사서 시식을 하고 있었고 다른 반찬도 맛을 보고 있는 중이었다. 그들은 아줌마의 호의와 친절에 고마워하고 있었고 총무를 맡고 있는 나에게 여기서 반찬을 사가자고 말했다. 나는 반찬가게에 있는 것을 살펴보았다. 김밥, 김치는 물론이고 오이소배기, 마늘줄기무침, 고사리가 보이고 홍어무침까지 있었다. 이것은 여느 한국의 시장에서 볼 수 있는 반찬가게였다. 주위를 보니 고려인들로 보이는 여인들이 여기저기 보였다. 여기가 고려인들이 운영하는 반찬가게 상점가였다.

가게 아줌마는 우리들 남자들에게도 맛보라며 손으로 반찬을 집어주었다. 맛도 괜찮았고 사가고 싶은 마음은 있었으나 일정이 문제였다. 오후에 오제로 호수의 산장으로 숙소를 옮기기 때문에 보관 문제로 지금 사는 것이 부담되었다. 우리의 이런저런 말을 알아들었는지 아줌마가 갑자기 "일 없슈."라고 한국말로 말하는 것이었다. 그 말은 안 사도 된다는 북한말이라고 누군가가 설명해 주었다. 그녀는 한국말은 못해도 몇 마디 말은 알고 있는 것 같았다.

우리는 내일 사러 오더라도 김치나 조금 사가지고 가기로 했다. 나는 그녀에게 김치를 조금만 달라고 하였다. 그녀는 김치를 주면서 그냥 가져가라는 제스처를 하였다. 김치를 받아들고 1000 텡게(한화 3000원 정도)를 건네자 아줌마는 또 "일 없슈."라고 말하고 그냥 가져가라고 한다. 다시 500텡게 지폐를 건네자 잔돈을 주려고 돈주머니에서 동전을 주려고 한다. 우리는 내일 다시 오겠다고 하면서 얼른 자리를 떴다. 골로프킨 어머니의 나이 또래로 보이는 그녀는 얼굴이 동그랗고 심성이 좋아 보이는 전형적인 한국 아주머니였다. 골로프킨은 지금까지 무패를 자랑하는 권투선수로 세계 미들급 통합챔피언이다. 카자흐스탄이 자랑하는 세계적인 권투 선수인 그의 아버지는 러시아인이고 어머니는 한국인이다. 알마티 시장에서 만난 그녀는 마치 우리 시골장에서 만난 마음씨 좋은 아줌마처럼 느껴졌다. 디아스포라의 아픔과 함께 푸근한 마음이 동시에 일어났다.

그녀의 조부는 연해주 지방에서 이곳 낯설고 물선 중앙아시아로 왔다. 연해주에 살던 조선인 18만 명은 1934년 스탈린의 소수민족 이주정책으로 블라디보스톡에서 기차를 타고 카자흐스탄 등 중앙아시아에 강제로 이주해왔다. 이주하는 동안 굶주림과 추위에 일만 명 이상이 열차 안에서 죽음을 맞이했다고 한다. 아마도 그들은 떠나기 전에 중앙아시아에 대해 들어보지도 못했을 것 같다. 척박하기 그지없는 이 땅에서 뿌리를 내리고 삶을 사는 데는 말로 형언할 수 없는 고초가 뒤따랐을 것이다. 그런데도 불구하고 그런 착한 한국인의 심성을 간직하고 있는 것을 보고 적잖이 놀랐다. 1991년 소련연방에서 독립한 소위 '탄'으로 끝나는 나라들이 민족적 자각이 일어나고 있다. 이들 나라들은 그동안 공용어인 러시아말만 사용하다가 그들의 나라말을 사용하기 시작하면서, 고려인들의 입지가 좁아지고 있으며 또한 소수민족 차별에도 직면하고 있다고 한다. 80여 년을 꿋꿋하게 살아온 고려인들이 더 이상의 어려움이 없었으면 하는 바람이다.

카토비체에서 만난 사람들

작년 봄 동구 여행 갔을 때의 일이다. 프라하의 매력에 흠뻑 빠져 떨어지지 않는 발길을 돌려 크라코프행 기차에 몸을 실었다. 크라코프는 1596년에 바르사바로 천도하기까지 500여 년간 폴란드의 수도로서 중세 유럽의 고풍스러운 분위기를 고스란히 간직하고 있는 곳이다. 프라하에서 크라코프까지 8시간 정도 걸린다. 직행이 없어 중간에 갈아타야 하는데 그 환승역이 카토비체이다.

기차를 타니 생각보다 승객이 많지 않았다. 유럽 기차는 칸막이로 되어 있고 한 칸에는 정원이 6명이고 3명씩 서로 마주보고 앉게 되어 있다. 처음에 자리를 찾아가 칸에 들어서자 체코 아줌마와 대학생인 듯한 청년이 타고 있었다. 아줌마와 몇 마디 주고받았으나 영어가 잘 안되어 그만 두었다. 두어 시간 지나서 두 사람은 내렸고 대신 젊은 한 쌍의 커플이 내 칸으로 들어왔다. 그런데 들어오자마자 키스를 하기 시작하는 것이었다. 혼자 생각에 오랜만에 만나 애정 표현을 좀 진하게 하나보다 했다. 그런데 몇 분 동안 키스하다가 조금 쉬더니 다시 열정적으로 키스를 하는데 그러지 않아도 싱숭생숭한 나그네의 심사는 아랑곳하지 않는다. 체코는 그동안 공산 국가여서 키스를 금지 시켰었나 하는 생각도 들었다. 굶주린 사람들처럼 키스하는 그들을 보니 잠시 엉뚱한 생각이 든 것이다.

전에 집의 수족관에 열대어를 키운 적이 있는데 그중에 '키싱구라미'라는 열대어가 있었다. 이 열대어는 만나기만 하면 키스를 해서 그런 이름이 붙은 것 같은데 이들 커플을 보자 옛날 '키싱구라미'가 생각이 났다. 앞 사람의 기분 따위는 아랑곳없이 그들은 한 시간여 내내 그 짓을 반복하였다. 옆도 아니고 맞은편이라 쳐다보는 것도 민망하여 나는 차창 밖의 평화스런 시골 풍경쪽으로 눈을 돌렸지만 쪽쪽대는 소리는 피할 수가 없었다.

유레일 기차를 탄 지 어느새 5시간이 지나 체코 국경을 넘어 폴란드로 넘어갔다. 기차 시간표에는 오후 3시 52분에 도착하여 4시 15분 기차로 갈아타고 크라코프에 가는 것으로 되어 있다. 차장에게 물어보니 카토비체는 10분 정도 가면 된다고 하는데 시계를 보니 벌써 도착 시간을 훨씬 지나 4시 10분을 가리키고 있다. 기차를 놓치는가 싶어 조바심이 나기 시작했다. 짐을 가지고 낯선 곳에서 하룻밤을 잔다고 생각하니 걱정도 생기고 유레일 패스도 하루를 더 써야 하니 그것도 머리 아프게 만들고 있었다. 카토비체에 도착하니 시간은 오후 4시 20분이었다. 나는 체념하였다. 그러고 나니 마음이 되레 편했다.

짐을 챙겨 기차에서 내렸다. 우선 상황을 파악해야 했다. 지나가는 폴란드인에게 크라코프행 기차가 떠났느냐고 물었으나 그는 영어를 모르고 나는 폴란드어를 모른다. 두 번째 만난 사람에게 물으니 크라코프행 기차도 어떤 이유로 15분 정도 늦게 도착한다는 것이었다. 나는 안도의 한숨을 쉬었다. 그렇다면 지금부터 10분 정도의 시간이 있으니 여유까지 생겼다. 벽에 붙어 있는 열차시각표를 보니 갈아타는 기차는 3번 플랫폼이었다. 유럽에서 플랫폼을 오가는데는 지하도를 이용하게 되어있다. 지하도에서 키가 크고 호리호리한 미국인을 만났는데 그는 큰 가방 두 개를 지키고 있었다. 나이가 지긋한 그는 샌프란시스코에서 왔으며 이름은 찰스 헨더슨이라고 했다. 그도 크라코프에 가는데 기차가 연착되어 어떻게 되는 건지 몰라 부인이 역사무실에 알아보러 갔고 그는 가방을 지키고 있는 것이었다. 가방이 왜 그렇게 크냐고 물었더니 크라코프에 아파트를 얻어 3개월 있을 예정이라고 했다.

나는 계단을 올라가 3번 플랫폼에 갔다. 거기에는 크라코프로 가는 사람이 몇 명 더 있었다. 그들은 홍콩에서 온 수잔이라는 여자와 남자 친구, 수잔의 여동생 그리고 호주에서 온 청년이었다. 수잔은 폴란드를 거쳐 남동생이 유학하고 있는 런던으로 갈 예정이고, 호주 친구는 컴퓨터 엔지니어로 유럽에는 처음인데 두 달 동안 배낭 여행 중이라 한다. 조금 있으니 헨더슨 부부가 두 개의 무거운 가방을 들고 우리들 있는 데로 왔다. 크라코프행 기차도 연착하여 7, 8분 후에 우리가 탈 수 있다는 것이었다. 3번 플랫폼과 4번 플랫폼에 사람들이 기차를 기다리고 있었다.

나는 일행과 얘기를 하던 중에 눈에 확 띄는 여자가 보였다. 이목구비가 선명하고 블론드 머리에 파란 눈을 가진 그녀는 세련된 옷차림을 하고 있었다. 폴란드에서 처음 보는 미인을 그냥 지나칠 수는 없는 노릇이다. 나는 그녀에게 다가가 말을 걸었다.

"우리는 크라코프에 가는데 당신도 가십니까? 그리고 기차가 3번으로 들어오는 것이 맞습니까?"

그녀는 대답했다. "나는 다른 데로 가는데 아까 방송에 크라코프행 기차는 4번으로 들어온다고 했습니다."

말하는 목소리까지 감미롭다. 나는 순간 당황하였고 즉시 함께 기다리던 이들에게 그녀가 말한 것을 전달하였다. 순간 동요가 일어났다. 4번으로 가자는 의견과 그 여자 말을 어떻게 믿느냐 그냥 여기서 기다리자는 의견으로 나뉘었다. 그런데 근처에는 이를 확인할 만한 사람이 없었다. 폴란드에서는 아직 영어가 많이 보급되지 않은 탓이다. 나는 그녀의 말이 맞다고 생각하고 일행에게 나는 4번으로 갈 테니 따라올 사람은 따라오라고 했다. 내가 나서고 나의 의견에 동조했던 헨더슨부부가 따르자 다른 팀들도 어쩔 수 없이 따라왔다. 사실 이제는 시간이 별로 많지 않아 결심을 해야 할 시간이었다. 무거운 짐을 가지고 지하도를 가로질러 다른 플랫폼으로 가는 것은 쉬운 일이 아니기 때문이다. 우리는 지하도를 통과하여 4번 플랫폼에 도달하였다. 이제는 시간이 1, 2분밖에 안 남은 것으로 추정되었다. 나는 최종적으로 확인을 해야 했다. 마침 근처에 넥타이를 맨 신사가 있었다. 그에게 크라코프행 기차가 이곳 4번에 들어오는게 맞느냐 하고 물었다. 그때 폴란드어로 안내 방송이 나왔다. 그는 지금 방송이 4번으로 크라코프행 기차가 들어오고 있으니 탑승 준비하라는 내용이란다. 나는 안도의 숨을 쉬었다. 모두들 엄지손가락을 추켜세워 보였다.

여행은 언제나 예기치 않은 사건의 연속이다. 가끔은 이같이 중요한 결정을 내려야할 때가 있다. 우리 인생의 긴 여행도 예기치 않은 일이 왕왕 일어나고 그때마다 결정과 선택이 따르는 면에서 이와 별반 다를 바가 없다고 하겠다.

포프라드의 펜션

포프라드는 슬로바키아의 수도 브라티슬라바에서 북동쪽으로 300㎞ 떨어진 도시다. 이 도시를 여행지로 삼은 것은 슬로바키아의 아름다운 자연 경관을 제대로 감상할 수 있다는 여행서의 추천이 있었기 때문이었다. 몇 년 전 처음 동유럽을 여행했을 때 폴란드의 고도 크라코프에서 타트라산맥에 있는 자코파네에 갔었다. 자코파네에는 해발 2,000미터가 넘는 타트라 산맥의 능선에 위치한 리조트가 있었고, 숲 사이로 조성된 트레일을 걸으며 수려한 경치를 감상하였었다. 그 추억이 되살아나 이번에는 슬로바키아 쪽에서 타트라 산맥의 기슭을 걷고 싶었다.

브라티슬라바에서 기차를 타고 네 시간 가까운 여행 끝에 포프라드 역에 내렸다. 역 구내에 있는 관광안내소에 물어 버스 정류장으로 갔다. 정류장을 둘러보니 시내버스와 시외버스가 공용으로 쓰는 것 같았다. 특이한 것은 플랫폼마다 있어야 하는 선행지가 없고 버스에 표기되어 있어야 할 번호표시가 전혀 없다. 내가 가져온 숙소로 가는 안내문에는 180번을 타고 네 정거장을 가라고 했는데 버스에는 숫자가 없고 플랫폼의 일련번호만이 표시되어 있었다. 안내문이 잘못되어 있는 것을 알았다. 순간 현기증이 일어났고 고생 좀 하게 되겠구나 싶었다. 주위를 둘러보니 외국인 관광객은 별로 눈에 뛰지 않았다. 사람들에게 물어볼 것은 펜션의 이름인 '아콰랜드 펜션'라는 숙소 이름뿐이다. 그래도 몇 사람에게 말을 붙여 봤으나 영어가 통하지 않으니 헛수고였다. 버스 안내소에 가서 문의했으나 마찬가지였다. 낙담을 하고 버스 플랫폼에 돌아와 시간표를 찾아보았으나 버스 시간표 자체가 잘 이해가 되지 않았다. 최후의 수단은 택시를 타는 것이었는데 요금이 얼마 나올지 모르고 택시 기사와의 대화도 걱정이 되었다. 외부 관광객이 별로 없어서인지는 몰라도 인종이 다른 나를 힐끔힐끔 보는 것 같은 느낌을 받았다. 이 난감한 상황을 어떻게 해야 하나 이 궁리 저 궁리 하면서 의자에 앉아 있었다. 그때 저 앞의 의자에 투피스를 맵시 있게 차려입은 젊은 여자가 눈에 띄었다. 옷을 잘 입는 사람은 교양도 있는 법이다. 나는 얼른 자리에서 일어나 그녀 앞에 가서 인사를 하고 영어를 하느냐고 물었더니 조금 한다고 했다. 사막에서 오아시스를 만난 것처럼 반갑기 그지없었다. 나의 설명을 듣고 그녀는 한참 동안 안내소에도 가보고 몇 사람에게 물어보더니 나에게 장소를 알았다고 얘기하였다. 그 말을 듣는 순간 안도의 한숨을 내쉬었다. 그 펜션은 여기에서 다섯 정거장 가면 있고 공교롭게도 그녀와 같은 버스를 타면 된다고 했다. 그녀의 친절과 호의에 고맙다는 말을 연신 하면서 당신을 못 만났으면 큰 곤경에 처할 뻔했다고 말했다. 그녀도 다른 도시에 사는데 이곳에 친구를 만나러 왔다고 하면서 도움이 되어서 기쁘다고 말했다.

아쿠아랜드 펜션에 도착해 보니 문은 안 열려 있고 벽에 쪽지가 붙어 있다. 거기에는 나의 방은 1층이고 주인이 4시에 돌아올 예정이니 쪽지 뒤에 있는 열쇠를 사용하라고 했다. 맨 밑에 가브리엘라라고 쓰여 있다. 이름을 보니 여자 주인인데 직업이 따로 있나 생각했다. 방 안에 들어가니 널찍한 방에 침대가 다섯 개가 놓여 있다. 지금까지 호스텔에서 4명이 자는 좁은 공간에서 지내다가 이렇게 널찍한 방을 보니 마음마저 여유로워지는 것 같다. 거기에다 샤워실이 딸려있고 식탁과 부엌까지 있으니 마치 호텔의 스위트룸에 들어온 기분이다.

짐을 풀고 시간을 보니 3시가 조금 지났다. 주위의 경치와 시내 거리를 구경하기 위해 밖으로 나갔다. 집 앞에는 개울이 흐르고 건너 저편에 아쿠아랜드라고 큼지막한 간판이 보인다. 가서 보니 온천수를 이용한 수영장과 사우나 시설 등 여러 가지 물놀이 시설을 갖추고 있다. 10여 분을 걸어가니 16세기에 건설된 스피슈스카 소보

타가 나왔다. 슬로바키아 고유의 스피슈풍으로 꾸며진 집들이 고풍스럽게 늘어서 있다. 한산한 소보타 거리 풍경과 건물들을 감상하는 여유를 즐겼다. 숙소로 돌아오는 중에 제법 규모가 큰 슈퍼마켓에서 포도주와 과일 그리고 저녁거리를 사가지고 들어왔는데도 주인은 안 보였다. 보통 숙소에서 필요한 정보를 일차적으로 얻는데 사람이 없으니 답답하였다. 펜션에 음식점 간판이 붙어있고 시설도 되어 있는데 운영은 잘 안 되는 것 같다. 음식점 안으로 들어가니 음악은 계속 흘러나오는데 인기척이 없다. 슈퍼에서 사온 것으로 저녁을 먹고 샤워까지 했는데도 큰 집에 아무도 없으니 기분이 이상했다. 마치 유령의 집에 있는 것같이 느껴졌다.

카톡으로 가족들과 안부를 나누었다. 숙소 찾는데 애를 먹었다고 했더니, 막내딸이 "구글 맵을 사용하면 쉽게 찾을 수 있을 텐데 사용하지 않았어?"라고 했다. 거기에 대해서는 할 말이 별로 없다. 로밍서비스도 사용하지 않고 다닌다고 했더니 야단만 맞았다. "그래 네 말이 맞다. 너희 젊은이들은 디지털 세대이니까 디지털 여행하는 거고, 나는 구시대 사람이라 아날로그 여행을 한다."라고 말했다.

아침 일찍 일어나 기차 여행에 숙소 찾느라 애를 쓰는 등 긴장의 연속이었다. 갑자기 피곤을 느꼈고 졸음이 몰려왔다. 주인이야 언제든 와서 숙박비를 받아 가겠지 생각하고 일찍 잠을 자기로 했다. 넓은 방 혼자 독차지하고 자려니 좀 무섭기도 하고 사치스럽다는 생각도 들었다. 한참 자고 있는데 문을 두드리는 소리가 났다. 잠결에 일어나 시간을 보니 11시였다. 주인이 이제 나타났나 하고 문을 여니 어떤 젊은 커플이 서 있다. 남자는 술 냄새가 진하게 풍겼다. 웬일이냐고 물으니 자기들 방이 이곳이라며 여자는 인쇄해 온 예약 문서까지 보여주었다. 그들을 방으로 들어오게 하고 방을 보여주었다. 방을 한 바퀴 싹 돌더니 마음에 안 든다고 그냥 가겠다고 한다. 둘이서 재미 좀 보려고 했는데 불청객이 있으니 김이 샜겠지. 그러잖아도 싱숭생숭한 나그네의 마음만 흔들어 놓고 가버린 그네들이 야속하기만 하다.

아침 일찍 일어나 나가 보았는데 주인은 안 보이고 차가 두 대가 주차해 있는 게 보였다. 2층에 투숙객이 밤늦게 온 모양이다. 어제 사온 빵과 우유로 아침을 먹고 관광안내소를 찾아갔다. 안내소에는 포프라드의 명소라 할 만한 곳을 광고하는 팸플릿이 구비되어 있었다. 그중에 산 정상에 나무 모양으로 실린다형 구조물을 만들고 꼭대기까지 돌아서 올라가는 사진이 맘에 들었다. 안내소의 직원은 그곳에 가는 버스 정보를 알려주었다. 버스 시간이 많이 남아 숙소로 돌아와 보니 주인이 와 있다. 반갑게 인사를 하고 숙박비를 지불하며 웹페이지의 안내가 잘못되었다고 알려 주었다. 어젯밤에 있었던 일을 말했더니 알고 있다고 말했다.

포프라드에서의 여행은 말도 잘 안 통하고 생소하고 이질적인 곳에서 지내본 경험이 별로 없는 나에게 어쩌면 여행다운 여행이었는지도 모른다.

할리우드 거리의 풍경

샌디에고에서 시원스럽게 펼쳐지는 해안가의 경치를 감상하며 두 시간여의 기차 여행을 즐겼다. 로스앤젤레스의 유니온역에 내린 것은 정오가 조금 지난 시각이었다. 나는 숙소가 있는 할리우드로 가려고 지하철을 찾았다. 안내원에게 물어 쉽게 레드 라인을 탈 수 있었다.

샌디에고의 친구인 Y가 내게 LA에 가면 교통수단은 어떻게 할 것이냐고 묻기에 지하철과 버스를 이용할 거라고 말하자, 그는 거기에 지하철이 있나 하고 의구심을 나타내었다. 그는 산호세와 샌디아고에 20년 이상 살면서 LA에 자주 다녔던 친구다. LA를 배경으로 한 영화 '미녀 앵커 실종사건'에서, 조연 남자배우가 차가 없어 버스와 지하철 타고 다닌다니까 상대 여배우가 LA에는 지하철이 없다고 말하는 장면이 나온다. 그만큼 자동차 문화가 발달 하고 소득 수준에 따른 계층화가 이루어졌기 때문이다.

숙소가 있는 근처의 역인 할리우드 바인에서 내렸다. 지하철역에는 노숙자와 거지들이 보였다. 완전고용에 가까운 5%의 실업률을 자랑하는 미국도 어쩔 수 없는가 보다. 여기 거지들은 배가 불러 동전은 받지 않는다고 들었다. 역에서 10분쯤 가니 '바나나 벙걸로'라는 유스호스텔을 쉽게 찾을 수 있었다.

다음날 호스텔을 나서 유명한 '명예의 거리(walk of fame)'를 찾았다. 명예의 거리를 걸으며 발아래를 살펴본다. 별모양의 문양에 유명한 배우와 감독의 이름이 새겨져 있다. 아는 이름이 나오면 반가운 마음에 잠깐 머물게 되고 그들이 출연한 영화가 생각났다. 오늘 만난 인물들은 알프레드 히치콕, 존 포드, 도리스 데이, 오드리 헵번, 그레고리 펙, 율브리너, 로버트 밋참, 존 웨인….

한참을 걸어가니 도로에 레드 카페트가 깔려있고 그 주위로 취재진들이 카메라를 들고 늘어서 있다. 무슨 행사가 있는 모양이다. 그런데 행사장 주변에서 아카데미 시상식에서나 입을 법한 멋있는 파란색 드레스를 입고 왔다 갔다 하는 아름다운 여인이 보였다. 나는 처음에는 여배우인지 알았는데 수행원도 없이 드레스를 도로에서 질질 끌면서 돌아다니는 것이 이상했다. 그레이스 켈리를 닮은 빼어난 미모의 여인이 여기저기 다니면서 사람들에게 인사를 하고 다니는 것이 아닌가. 배우로서 성공하지 못한 여인으로 정신적으로 문제가 있는 것 같았다. 배우로서 성공하려면 어떤 자질이 있어야 할까 생각이 든다. 명배우는 각종 캐릭터에 맞는 인물의 특성에 맞는 감정이입을 잘해야 되고, 대사를 외는 암기력도 좋아야 할 것 같다. 외모도 좋아야 하고 표정 연기도 뛰어나야 할 것 같다. 화려해 보이기만 하는 그들의 모습에 얼마나 많은 여성과 남성들이 스타의 꿈을 향해 열정을 받쳤겠나.

오후 늦게 숙소에 돌아오니 호스텔 마당에서 탁구를 치고 있는 모습이 보였다. 탁구대 옆에 서 있는 친구에게 물으니 브라질에서 친구끼리 단체로 관광을 왔다고 했다. 그런데 그들이 탁구 경기를 하는데 21점까지 카운트하였다. 국제 룰이 11점으로 된 지가 언젠데 하고 의아해 했다. 하여튼 그들과 어울려 한 시간여 동안 탁구를 하고 나니 몸이 가뿐해지는 것 같았다. 젊은 사람들이 많은 호스텔의 밤은 요란스러웠다. 음악을 크게 틀어 놓고 춤과 노래로 젊음을 만끽하는 분위기 덕분에 잠은 제대로 못 잤지만 예정대로 다음날 유니버설 스튜디오에 갔다. 1920년 영화촬영소가 설립되면서 발전을 거듭한 유니버설 스튜디오는 미국 영화계의 총본산답게 규모도 크고 볼 게 많았다. 쥐라기 공원이나 킹콩이 나오는 전시관에 들어가면 오싹하고 무섭게 느껴진다. 마치 실제적으로 옆에서 공룡이 나와 싸우고 킹콩이 내게 덤벼드는 것 같다. 영화 장면에서와 같이 물까지 튀기니 더욱 현실적이다. 현실과 비현실이 뒤섞여 만들어내는 가상현실은 이제 우리 생활에 더욱 가까워졌다는 것을 느꼈다.

서울의 나성구라고 일컬어지기도 한다는 코리아타운에 갔다. 30여 년 만에 방문한 코리아타운은 상전벽해라 할 만큼 변해 있었다. 한인들이 밀집한 올림픽거리뿐만 아니라 윌셔거리에 걸쳐 여기저기 한글 간판이 걸려있다. 코리아타운을 걸으면서 느낀 것은 서울의 거리보다 더 한국적이라는 것이다. 그것은 간판들의 글씨가 영어가 더 많은 서울의 거리보다 한글 간판이 더 많다고 생각했기 때문이다. 번창하는 코리아타운이 역력히 보인다. 10월 중순인데도 30도가 훨씬 넘는 기온은 습기가 없다 해도 걸어 다니기에 힘들었다. 하지만 한국인들의 삶의 터전인 올림픽거리와 윌셔거리를 살펴보며 그들의 진취적인 기상을 느끼며 걸어 다녔다. 서울 거리처럼 친숙함을 느꼈다.

노이슈반스타인 성의 노을

오랫동안 마음속에만 있던 노이슈반스타인 성에 가는 날이다. 이번 여행에서 우선순위의 제일 상단에 올려놓았고 여행의 출발점을 뮌헨으로 정하기까지 했었다.

설레는 마음을 안고 뮌헨역으로 가서 퓨센으로 가는 기차를 탔다. 기차 안에는 주말을 맞아 성으로 가는 사람들로 만원이었다. 기차를 타고 한 시간 반이 지났을 때 안내 방송이 나왔다. 선로 공사 때문에 퓨센에 못 가고 마르크토베르도프역에서 내려 버스로 갈아타고 가야한다는 것이었다. 역에 내리니 철도청에서 준비한 버스가 줄지어 서 있다. 버스를 타고 목가적인 풍경의 경치를 감상하며 한 시간여를 가니 퓨센역에 도착했다. 역에서 다시 성까지 가는 시내버스로 갈아탔다. 성 입구에 도착하니 어느덧 점심때가 되었다.

금강산도 식후경인데 무엇을 먹고 성에 올라가야 했다. 매표소에서 가까운 샌드위치 가게가 눈에 띄었다. 샌드위치와 마실 것을 주문하였는데 앞에 놓여 있는 팻말이 눈에 들어왔다. 오직 현금만 받는다는 것이다. 독일에서도 세금 회피를 하려고 꼼수를 쓰고 있다고 생각하니 세상살이가 다 비슷하다는 느낌이 들었다.

매표소 앞에는 사람들이 긴 줄을 이루고 있다. 아마도 토요일이라 더 혼잡하구나 싶어 기다리는데 좀처럼 줄이 줄어들지 않았다. 매표창구는 세 개나 되었는데 어찌된 영문인가 의아했다. 20여 분을 기다려 직원과 마주하게 되었다. 직원은 내게 세 가지 중에서 어떻게 선택할지를 물었다. 박물관, 호헨슈방가우 성과 노이슈반스타인 성이었다. 조금 생각한 끝에 박물관을 제외하고 두 성을 택하였다. 입장료도 다르고 입장 시간도 다른데 거기에 세 가지의 조합을 관광객과 상의하려니 시간이 걸릴 수밖에 없었던 것이다.

입장료를 지불하고 티켓을 받았다. 그런데 호헨슈방가우는 입장 시간이 2시 55분이고 노인슈반스타인은 4시 55분이었다. 성 관람이 끝난 후에 뮌헨으로 돌아가는 것이 걱정되었다. 기차 시간도 확인하지도 못했고 선로 수리가 다 끝났는지도 모르는 상황이었다.

매표소에서 나오니 생리현상이 나를 공중변소로 안내했다. 입구에서 50센트를 내고 볼 일을 보니 몸이 훨씬 가볍다. 그러나 큰 것도 아닌 작은 것을 하는데 아깝다는 생각이 들었다. 사람이 변소간 들어갈 때와 나올 때 생각이 달라진다는데 마음의 변덕은 어쩔 수 없나 보다.

성에 들어가려면 두 시간이나 남아 있다. 주위를 보니 바로 앞에 잔잔한 푸른색의 호수가 펼쳐져 있다. 녹색의 삼림으로 둘러싸여 있는 호수 위에 몇 마리의 백조가 한가롭게 노닐고 있다. 매표소의 떠들썩한 분위기와는 아주 다른 한적하기까지한 분위기다. 호수 주위를 산책할 요량으로 호수로 내려갔다. 저 멀리 알프스산맥의 고봉에는 흰 눈이 쌓여 있고 오른쪽에는 슈방가우성이 고색찬란한 모습으로 빛나고 있다.

얼마쯤 걷다 보니 바다의 만 같은 곳이 나타났다. 그곳 작은 선착장에 보트가 한 척 있었다. 그림 같은 풍경 속에 한 여인이 호수를 응시하고 있었다. 내가 다가가는 소리를 들었는지 고개를 돌려 쳐다보았다. 내가 인사하며 무엇을 그렇게 생각하느냐고 물었다. 그녀는 고즈넉한 호수의 아름다운 풍경을 감상하고 있다고 말했다. 상트페테르부르그에서 공항 관제사로 일하고 있는데 휴가를 내서 왔다고 했다. 공항의 모든 이착륙하는 비행기의 안전을 위해 일하는 것이 스트레스가 많다고 한다. 그래서 경치 좋고 조용한 이곳에 왔다고 한다.

나는 성을 관람하기 위해 왔는데 두 성의 관람 시간이 다르고 오래 기다려야 해 시간을 보내야만 한다고 했다. 그녀에게 표를 사지 않았느냐고 물었다. 그녀는 성 안에 들어가 내부를 본들 뭐 특별한 게 있겠느냐고 했다. 그래서 표를 사지 않고 성을 밖에서 둘러보고 호수로 왔다고 했다. 나는 상트페테르부르크에는 웅장한 로마노프 왕가의 겨울궁전과 화려하기 그지없는 에르미타쥬 박물관이 있는데, 이에 비해 바바리아 왕국의 성의 내부는 비교할 수도 없을 것이라고 말했더니 가벼운 미소를 지었다.

어느새 시간이 다 되어 호헨슈방가우 성에 들어가게 되었다. 이 성은 노이슈반 스타인 성 건너편 나지막한 산 위에 있는 성으로 루드비히 2세의 아버지인 막시밀리언 2세가 네오고딕 양식으로 지은 것이다. 잘 꾸며진 정원과 이곳에서 노인슈반스타인 성을 바라보는 모습도 색다른 감을 주었다. 성의 내부는 진귀한 예술품으로 장식되어 있고 3층에는 바그너가 연주했다는 피아노도 있었다. 열성적으로 유머를 섞어가며 설명해주는 가이드도 인상적이었다.

호헨슈방가우를 보고 나서도 한 시간여를 더 기다려 노이슈반스타인 성에 들어갔다. 이 성은 바이에른 왕국의 왕이었던 루드비히 2세가 1869~1886년 사이에 지은 성이다. 바그너의 후원자였던 그는 바그너의 오페라 '로엔그린'의 백조의 전설에서 영감을 얻어 성의 이름을 지었다고 한다. 노이슈반스타인의 노이(neu)는 새로운 또는 신기한의 뜻이고 슈반(schwan)은 백조를 의미한다. 루드비히 2세가 그렇게 온 힘을 들여 건설한 성이지만 그와 주치의가 근처의 호수에서 의문의 죽음을 당하기까지 불과 3개월밖에 살지 못했다. 인생무상이다. 무리한 건축비가 왕국의 몰락을 앞당겼지만 필생의 역작은 많은 사람에게 영감을 주고 역사에 이름을 남겼으니 그의 인생은 성공적이었다고 말할 수 있겠다.

그런데 안내하고 설명해주는 사람이 나이가 80은 넘어 보였고 목소리도 힘이 없다. 이곳을 오는 이유가 노이슈반스타인 성을 보러 오는데 가이드는 호헨슈방가우 성의 안내자가 훨씬 나았다. 주객이 전도된 느낌이었다.

성 곳곳에 백조의 모양을 형상화한 모습이 여기저기 보인다. 방마다 바그너의 오페라 '트리스탄과 이졸데', '탄호이저', '파르지팔' 등에 나오는 장면들을 그린 그림들로 장식되어 있다. 성의 이름도 바그너의 오페라 '로엔그린'에서 나오는 백조의 전설에서 영감을 얻어 지었다고 한다. 그는 오페라 주인공이 사는 곳을 꿈꾸며 성을 지었던 것이다.

성에서 내려와 성을 되돌아보았다. 5월 중순이라 다른 데라면 한창 밝을 때인데 여기서는 서쪽의 눈 덮인 고봉의 알프스로 인해 석양이 지고 있다. 성은 산 속에 반은 묻혀 있고 윗부분은 석양의 노을과 어우러져 마치 동화 속의 궁전인 듯하다. 상상력과 신비감을 자극하는 상징적인 것을 원한 디즈니로서는 노이슈반스타인 성이 디즈니 로고로 아주 적합한 대상이 아닐 수 없었을 것이었다고 생각했다.

2.

하이킹의 매력

6월의 설악산

녹음이 우거지고 라일락 향기가 산바람에 그윽이 퍼지는 설악산을 상상해보라. 여름이 막 시작되는 6월 중순경의 설악산의 풍경이라고 친구 K는 지난봄에 말했었다. 그렇게 기다리던 날이 왔고 아침 일찍 한계령으로 가는 버스를 타기 위해 동부시외버스터미널에 도착했다.

자타가 공인하는 등산 마니아 여섯 명이 속초로 가는 고속버스에 몸을 실었다. 메르스 영향으로 승객이 반도 차지 않았다. 간밤에 잠을 제대로 못 잔 탓에 버스에 타자마자 나는 잠이 들었다. 눈을 뜨니 인제였다. 원통을 거쳐 한계령휴게소에 도착하니 9시 반이 조금 지나 있었다. 식당에 들어가 황태해장국을 시켰다. 일곱 시간의 강행군에 대비해야 했다.

한계령에서 출발하는 서북능선은 설악산의 등산로 중에서도 주변

경관이 빼어나다는 코스이다. 선발팀이 앞서 가기 시작했고 J와 나는 그들의 뒤를 따랐다. 식사를 바로 해서 천천히 발걸음을 옮겼다. 잠시 후 J는 등산화를 벗고 맨발로 산을 오르기 시작했다. 오가는 등산객들이 찬탄의 눈으로 그를 쳐다보며 대단하다고 한마디씩 했다. 북한산을 맨발로 다니는 그인지라 설악산에서도 거칠 것이 없었다. 손바닥과 발바닥에는 오장육부의 신경과 연결되어 있어 이를 자극하면 건강에 좋다는 것이다. 그가 그렇게 건강한 것은 아마도 맨발로 산에 다니기 때문인 것 같다.

오솔길로 이어지는 길은 정감이 갔다. 6월의 싱그러운 녹음과 맑은 공기는 우리들을 유쾌하게 해주었다. 양옆으로 보이는 설악산의 수려한 경관은 메르스로 인해 받은 스트레스를 싹 날려주었다. 얼마를 가니 뭔가가 코끝을 간질였다. 탐스럽게 핀 연한 보라색과 흰색의 라일락꽃은 진한 향기를 마음껏 발산하고 있다. 앞에 가는 등산팀이 이 향기 좋은 꽃이 미스김 라일락이라고 말하는 것을 들었다. 미스김 라일락은 우리나라 토종 식물인 수수꽃다리가 미국으로 옮겨진 뒤 품종개량을 통해 탄생한 라일락의 한 종류란다. 이 종류는 활짝 피면 진보라색 꽃봉오리가 흰색으로 변하고 짙은 향기를 내뿜어 인기 있는 라일락 품종이 됐다. 여기저기 흰색과 보라색의 라일락이 달콤하고 기품 있는 향기를 설악산의 능선과 기슭에 잔잔히 퍼뜨리고 있다. 서양수수꽃다리는 순수한 우리말인데 뭔가 정겹게 느껴진다.

너덜길을 지날 때는 다리에 힘을 줘서 그런지 쥐가 났다. 친구가 준 마그네슘을 먹고 뿌리는 파스를 바르고 하여 위기를 넘겼다. 그러나 다시 쥐가 나지 않도록 주의하다 보니 속도는 떨어졌다.

길이 갈라지는 삼거리에 도착하니 12시 반이었다. 그곳에는 두 명의 국립공원직원이 지키고 있었다. 한 시가 넘으면 등산로를 통제한다고 한다. 날이 어두워져 조난을 당할 염려가 있기 때문이다. 삼거리에서 왼쪽으로 가면 대승령으로 가는 길이고 오른쪽으로 가면 대청봉으로 가는 서북능선이 펼쳐지는 곳이다. 우리는 저만치 보이는 귀때기청봉을 뒤로하고 서북능선을 타기 시작했다.

좌우로 펼쳐지는 장엄한 설악산의 빼어난 산세와 조화로운 계곡, 기암절벽은 거대한 한 폭의 산수화다. 많은 사람이 설악산을 우리나라 제일의 여행지로 여기는 이유를 알겠다. 걷다가 잊을 만하면 라일락 향기는 부드러운 미풍에 실려와 후각을 자극한다. 하이킹의 동반자 같이 느껴진다. 기품 있게 보이는 천연기념물로 지정된 구상나무도 우리들의 눈길을 끈다. 어쩌다 보이는 고사목을 보니 구상나무는 죽어서도 그 절개를 지키고 있다.

오후 다섯 시가 넘어 중청대피소에 도착하였다. 대청봉을 가니 마니 하다가 시간상 소청대피소로 직행했다. 저 멀리 나한봉, 마등령 등 높은 산봉우리가 흰구름에 둘러싸여 신비한 모습으로 다가온다. 부분적으로 햇빛이 비친 울산바위가 환상적인 모습으로 눈앞에 나타났다. 친구들은 사진 찍기에 바빴다. 마치 미인을 앞에 두고 가기 싫은 것처럼 발걸음이 잘 떼어지지 않았다. 30여 분을 더 가니 목적지인 소청대피소에 도착하였다. 7시간이 넘는 행군이었다. 한 시간가량 앞서 도착한 친구들이 저녁식사 준비를 하고 있었다.

대피소에서 바라보는 광경은 정말 아름다운 한 폭의 그림이었다. 봉우리들이 석양의 빛을 받아 신비스러움을 불러일으키고 불타는 노을과 구름이 어우러져 펼치는 광경은 황홀하기까지 하다. 이런 경치를 감상하면서 우리는 산중의 호텔 같은 대피소 앞의 야외 테이블에 식탁을 차렸다. 친구들이 준비해 온 소고기와 김치, 반주로 맥주와 발렌타인으로 성찬을 즐겼으니 우리는 구름 위에 떠 있는 기분이었다. 백만불짜리 저녁 식탁이었다. 친구들은 젊었을 때 저 눈앞에 보이는 용아장성과 공룡능선을 한 번에 다 탔다고 자랑하였다. 두 능선 중에 하나도 못 가본 나로서는 부러울 따름이다.

다음날 이른 아침 또 하나의 장관을 볼 수 있었다. 어제의 석양 때와는 판이한 설악산의 풍경이었다. 봉우리와 능선에 걸쳐 하얀색 구름이 깔려 있는 것이 몽환적 환경을 만들어 내고 있다. 운해(雲海)가 만들어 내는 풍경의 극치를 보여주고 있었다. 우리는 대피소 매점에서 산 라면과 햇반으로 아침을 먹고 하산길에 나섰다. 희운각대피소에 도착하니 우리와 같이 소청에서 잠을 잔 일행을 만났다. 그런데 그중에 한 사람이 탈진하여 쓰러져 있었고 119에 신고하는 것을 보았다. 우리와 비슷한 연배인 것 같은데 무리하게 일정을 잡은 것 같았다. 희운각 옆으로 흐르던 계곡물이 아예 말라버려 물의 흔적조차 없다. 말로만 듣던 몇 십 년 만의 가뭄을 여기에 와서 실감했다. 희운각을 내려오면서 천당폭포, 양폭, 오련폭포 등을 보았는데 물이 적어 예전의 감흥은 일어나지 않았다. 천개의 바위가 잘 다듬어진 부처님 같다고 해서 붙여진 천불동 계곡을 지났다.

이틀에 걸친 산행에서 설악산의 진면목을 보았고 어제 맡은 라일락의 달콤한 향기를 마음속에 새기며 하산을 마치었다.

금병산 가는 길

지난 주 토요일 고등학교 동창들의 등산회원들은 춘천에 있는 금병산으로 가기 위해 아홉시에 상봉역에 모였다. 상봉역은 콩나물 시루 같이 많은 사람들로 붐볐다. 화창한 5월 더할 나위 없이 좋은 날씨는 춘천으로 출발하는 시발점인 상봉역으로 상춘객과 등산객들을 끌어들인 것 같다. 그런 와중에도 줄이 형성되어 있었다. 춘천까지 한 시간이 넘게 걸리니 서서갈 수 없는 노릇이었다. 우리는 십분 후에 출발하는 차를 포기하고 30분 후에나 오는 그 다음 차를 타기로 하였다. 우리들 일행 열세명은 3, 4명으로 나뉘어 플랫폼번호가 써 있는 곳에서 줄을 섰다. 잡담을 하며 기다리고 있는데 '청춘열차'라고 쓴 급행열차가 지나간다. 빈자리가 보였다. 철도청에서 새로 만든 용산역에서 출발하는 차인데 요즈음 홍보기간이라 할인까지 해 준다고 한다. 누군가가 "아니 집행부는 뭐하는 거야. 저런 급행열차를 타고 편안하게 가야되는데. 용산역에서 타면 집에서 그렇게 일찍 안 나와도 되는데."라고 불평을 하자, 회장과 총무가 눈살을 찌푸린다. 그들의 표정은 '친구끼리 서로 이해해 주면 좋을 걸' 하고 말하는 것 같았다.

곧 열차가 도착했다. 문이 열리자 서로들 자리를 차지하려고 잽싸게 행동하는 것이 마치 부족한 양식을 차지하려고 달려드는 동물 같았다. 친구들 3명과 나는 무난히 자리를 잡았다. 왼쪽 저편에 친구들이 앉아 있는 것도 보였다. 자리를 못 잡은 승객들은 못내 아쉬운 듯 여기저기 살피고 있다. 대부분 젊은 사람들이거나 중년이었다. 그런데 내 앞에 서 있는 아줌마는 육십대 초반은 된 것 같고 통통한 몸매에 옷차림이 화사한 색이라 어디 잔칫집이라도 가는 것 같았다. 그 옆의 아줌마가 우리를 보고 말했다. "보아하니 등산 가는 것 같은데 자리 좀 양보하지." 하고 말했다. 힘들게 등산을 가는 사람들은 몸도 튼튼하니 좀 서서 가면 어떠냐 하는 말투였다. 30분이나 기다려 자리 잡은 건데 우리들 중 누구도 그럴 의향이 없었고, 옆에 앉은 친구는 "이제 우리도 먹을 만큼 먹었는데…." 하는 것이었다. 나는 앞에 선 아줌마에게 물었다. "연세가 어떻게 되셨어요?" 하고 물었다. "올해 고희 잔치를 했지요."라고 답했다. 나는 그런데 젊어 보인다고 말하고, 일찍 타신 것 같은데 왜 자리를 못 잡았냐고 물었다. 그녀는 "글쎄 우리 일행이 네 명인데 내가 먼저 들어와서 네 명의 자리를 잡아 놨어요. 그런데 사람들이 그런 게 어디 있냐고 다 앉아 버렸슈."라고 말했다. 그래서 본인 자리도 확보하지 못했다고 한다. 어디 사람들이 그렇게 야속하냐고 한마디 덧붙인다. 나는 그녀에게 어디서 왔냐고 물었다. 그들은 아산에서 아침 첫차를 타고 왔고 춘천에 놀러간다고 했다. 그러니까 공짜 전철을 타고 아산에서 춘천을 간다는 것이다. 이 정도면 살맛나는 세상 아닌가.

네 사람이 동시에 탔고 자리도 잡을 수 있었는데, 동작이 늦어 춘천까지 서서 갈 수밖에 없다니… 나는 대전에서 30년을 살았으니 충청도 사람의 기질을 잘 알고 있다. 십여 년 전에 김제동 씨가 대전에 와서 공연하면서 하던 말이 생각난다. 연예인들은 충청도에서 공연할 때가 가장 긴장된다고 한다. 그것은 공연할 때 반응도 늦고 박수도 인색하고 감정이입이 잘 안 되어서 공연하기가 어렵다는 것이다. 경상도나 전라도 사람들은 반응도 빠르고 쉽게 달아올라 공연자는 손쉽게 흥겨운 무대로 만들 수 있다고 한다. 나는 왜 그럴까 하고 생각했었는데 주위 사람들의 말을 듣고 해답을 찾을 수 있었다. 충청도 아닌 외지에서 와 대전에서 오래 살아온 사람들의 공통된 얘기는 이 지역이 살기가 좋다는 것이다. 다른 지역과 달리 여름에 태풍이나 폭우도 없고, 겨울에는 눈도 많지 않고 그렇게 춥지도 않다는 것이다. 그러다 보니 사람들이 동작도 그리 급할 것도 없고 말도 자연히 느려지게 된 것이 아닌가 하는 생각으로 귀결되었다.

나는 이야기를 나누는 사이 동질 의식을 느꼈고 혼자 자리에 앉아 있는 것이 좀 불편한 느낌이 들었다. 이십여 분이 지나서 자꾸 괜찮다는 그녀에게 자리를 양보하였다. 이런저런 얘기에 심심치는 않았고 강촌역에서 상춘객들이 많이 내려 다시 앉아 목적지인 김유정역에 내렸다. 김유정역은 우리나라에서 소설가의 이름을 따서 지은 유일한 기차역이다. 우리는 기차에서 내려 마을길을 걸었다. 마을 이름은 실레마을. 마을 뒷산인 금병산에 둘러싸인 모습이 마치 옴폭한 떡시루 같다 해서 이름이 붙여졌다 한다. 조금 가니 김유정의 소설 속 인물들과 관련된 에피소드를 추려 담은 이정표가 정겹게 서 있다. '들병이가 넘어오던 눈웃음길', '점순이가 나를 꼬시던 동백숲길', '덕돌이가 장가가던 신바람길', '복만이가 계약서 쓰고 아내 팔아먹던 고갯길', '응오가 자기 논의 벼 훔치던 수아리길', '도련님이 이쁜이와 만나던 수작골길' 등으로 이름 붙여진 '실레이야기길'은 시간을 잠시 그 옛날로 이동시킨다.

우리는 금병산의 산길을 오르며 「봄·봄」, 「동백꽃」 등에 대해 이야기하였다. 오래된 기억의 창고에서 꺼낸 것이라 모두들 술술 말하지는 못했지만 여러 사람의 기억이 모이니 제법 스토리가 형성되었다. 산길을 걸으니 약하지만 향긋한 냄새가 후각을 자극하는 것 같다. 나무에서 나오는 피톤치드다. 피톤치드는 나무가 자기보호를 위하여 내뿜는 방향족화합물인데 사람에게는 항균, 항산화, 항염증 등의 작용을 한다고 한다. 피톤치드가 많이 나오는 때는 봄과 여름이다. 그러니 우리는 서너 시간 동안 건강 샤워를 한 셈이다.

산을 내려와 김유정문학관을 둘러보았다. 정성을 다해 설명하는 안내인의 열정이 느껴졌다. 나는 무슨 일을 하던 열정을 가지고 열심히 하는 사람들을 보면 존경스러워 보인다. 그런 사람들 옆에 있으면 괜히 기분이 좋아진다. 그런데 소설가가 그렇게 젊은 나이에 요절했다는 것에 놀랐고 짧은 기간에 쓴 30여 편의 소설이 한국문학사에 깊은 영향을 미친 것에 감명 받았다. 사실 나는 『봄·봄』, 『동백꽃』 정도 읽었을 뿐이다. 언젠가 시간을 내서 그의 다른 작품들을 찬찬히 읽을 생각을 했다. 문학관을 둘러보는 내내 '김유정' 책 속의 주인공들이 자꾸 말을 걸어오는 것 같았다. 하지만 무슨 말인지 알아들을 수는 없었다. 문학관을 나서면서 느낀 것은 사람은 얼마나 오래 살았느냐보다는 어떻게 살았느냐가 중요하다는 것이었다.

다산회

다산회(多山會)는 산을 좋아하는 사람들의 모임이다. 모임의 특징은 회원들의 호를 정하는데 끝에 산자를 붙여서 호를 정한다. 각자 좋아하는 호를 정할 수도 있고 아니면 이름 중에서 한 자를 선택하여 만든다. 호를 정해 놓으면 서로 호칭할 때 사회적 직함을 부르기보다는 호를 부르는 것이 격의도 없고 정감이 있다.

회원들의 면모를 살펴보자. 요즘 블로그에 심취해 있으며 다산회를 이끌고 있는 '약산', 노래도 잘하고 입담이 좋아 모임의 감초 역할을 하는 '풍산', 북한산을 맨발로 등산하고 아직도 바위능선을 타는 산사나이 '운산', 병마를 이기고 남미 일주를 하고 킬리만자로를 등정한 부산 사나이 '고산'이 있다. 바둑의 고수 '호산', 조선 선비의 풍모를 느끼게 하는 '덕산', 부동산 박사학위를 가지고 수맥전문가로 활동하는 중산, 퇴직하고도 여러 가지 사회적 활동에 여념이 없는 '해산', 야생식물에 조예가 깊은 '영산', 사진기술을 배워 이제는 프로급의 카메라맨이 된 '갑산'이 있다. 마지막으로 부인의 간병을 위해 전국의 좋다는 데는 안 가본 곳이 없는 '창산', 지금은 미국 아틀란타에 거주하며 귀국할 때마다 선물을 사오는 박학다식한 '진산', 음향 전문기술을 살려 봉사활동에 전념하는 '석산' 그리고 필자인 오산이 있다.

등산모임이지만 다산회에서는 주로 둘레길을 위주로 걷고 있다. 매달 한 번씩 만나지만 매번 코스가 다르고 맛집이 다르니 만날 때마다 기대가 된다. 세 시간 정도 걷고 근처의 괜찮은 음식점에서 저녁 식사와 함께 맥주나 막걸리를 마시는 뒤풀이는 빼놓을 수 없는 코스다. 내가 이 모임에 애착을 갖는 이유는 숲에 조성된 둘레길을 걸으니 좋고, 자연스럽게 구석구석 서울의 숨겨진 길을 알게 되며 음식이 맛있는 맛집도 알게 되기 때문이다.

울창한 숲의 나무는 항염·항산화 효과가 있는 피톤치드를 뿜어내고, 맑은 물이 흐르는 계곡에서는 음이온이 방출된다. 이런 숲길을 걷는 것은 그 자체만으로 체내 면역력을 높여 주기 때문에 자연힐링의 시간을 갖게 되는 셈이다. 내가 입회한 뒤로 가본 중에 기억에 남는 길은 다양한 남산 둘레길, 북악산 성곽길, 동대문에서 혜화동으로 넘어가는 낙산 코스, 북한산 둘레길, 안산둘레길, 대모산 둘레길, 우면산 둘레길, 인왕산 둘레길, 서울대공원 둘레길, 청

계산 등이다.

오늘은 아차산의 숲길을 걷는 날이다. 한여름이 지나고 신선한 가을을 맞이한다는 처서이다. 오후 3시 아차산역에 열 명의 회원이 모였다. 안내자는 아차산 기슭에 사는 영산이다. 아차산역에서 동네를 지나 산을 올라가자마자 기원정사가 나왔다. 절이 아담하게 위치해 있고 특이하게도 큰 소나무를 마치 분재처럼 잘 가꾸어 놓은 것이 인상적이었다. 또 하나 보현보살인지 문수보살인지 입술에 빨간 립스틱을 칠해 놓았다. 현대적 감각으로 불상에도 미적인 요소를 첨가해 놓은 것인가.

기원정사를 지나 세 갈래길에서 아차산생태공원 쪽으로 방향을 잡았다. 나무 데크로 길게 이어진 길은 숲속의 인조물이지만 자연스럽게 느껴졌다. 거기에다 시원하게 부는 바람이 우리들의 기분을 앙양시켰다. 어찌나 시원한지 선선하기까지 한 느낌이어서 모기도 처서가 지나면 입이 삐뚤어진다는 속담이 생각났다. 지구 온난화 현상으로 우리나라도 기후 패턴이 많이 바뀌었다고 하는데 24절후가 맞아 들어가는 것이 신기하다. 데크 길이 끝나자 다소 널찍한 길이 나왔는데 양옆에 군집을 이루며 아름답게 피어 있는 자주색 맥문동이 우리 일행을 반갑게 맞아주었다. 숲속 사이로 난 오솔길을 걸으며 회원들은 정담을 나누며 늦여름의 정취를 맘껏 즐기고 있다.

어느새 반환점인 범굴사에 도착했다. 범굴사는 문무왕 때 의상대사가 창건한 1,300년 된 고찰이지만 암자 수준의 절이다. 여기에서 바라보는 풍광이 일품이다. 한강이 유유히 흐르고 산과 아파트가 어우러져 멋있는 경치를 선사해 준다. 인자해 보이는 주지스님으로부터 절에서 키우고 있는 꽃 이름을 들었다. 꽃치자, 해달맞이꽃, 도라지꽃, 천사꽃 등을 정성스럽게 키우고 있었다. 약산은 블로그 작성을 위하여 꽃들의 사진을 조심스럽게 찍었다. 아차산에 몇 번 와봤지만 오늘 가는 길은 처음이다. 오솔길처럼 나 있는 길이 걷기 편하고 아늑함마저 느끼는 코스였다.

3시간여의 하이킹을 마치고 출발했던 장소로 내려와 영산이 추천한 맛집으로 향했다. 오늘의 맛집은 '아차산 할아버지 손두부집'이다. 보통 음식점 이름에 할머니가 들어가는데 할아버지가 등장하니 특이했다. 옛날 시골에서 손두부와 막걸리를 팔던 선술집의 이미지가 떠올랐다. 음식점 벽에 붙어 있는 어느 시인이 쓴 시가 눈길을 끌었다.

여기는 인생 열차의
간이역 같은 곳
아차산 산행길의
가빴던 숨 잠시 고르며
한 구비(굽이) 쉬었다 가는
고향 마을 사랑방 같은 곳

손두부와 숨두부를 시키고 막걸리를 마시며 정담을 나누었다. 우리가 모이는 다산회도 인생길의 간이역 같은 모임이다. 서로 부담 갖지 않고 편하게 쉬었다 가는 간이역은 우리들 마음속의 노스탈쟈라고 할 수 있지 않을까.

두릅이 부른다

봄이 무르익은 계절의 여왕 오월에 우리는 태백으로 여행을 떠났다. 친구들은 몇 년째 매년 이맘때 일명 두릅 여행을 가곤 했다. 나는 무슨 일인가 일정이 생겨 동참하지 못하곤 했는데 이번에 소원을 이루었다. 오월 초지만 낮 최고 기온은 28도까지 오르니 초여름 날씨다. 청량리역에서 모인 친구들은 언제나 반가운 등산 친구들이다. 우리 일행은 이 모임을 주선하고 모든 일정을 기획한 대장인 J를 비롯하여 Y, S와 나까지 네 명이다. 현지에는 태백에 별장을 소유한 H원장과 K회장이 태안에서 홀로 늦게 합류할 예정이다.

기차여행은 언제나 즐겁다. 연휴가 끼인 금요일이라 빈 좌석이 없다. 창밖을 스치며 지나가는 풍경이 참 예쁘다. 중앙선은 경부선과 달리 산이 많다. 그 연한 녹색의 신록을 바라 보느라면 마음이

차분해지고 정화되는 느낌이 든다. 연한 녹색은 점점 짙어질 것이고 녹음이 우거질 것이다. 점심시간이 되어 롯데마트에서 산 김밥을 먹었다. 기대 이상의 맛이다. 3시 넘어 도착한 영주역에는 H원장이 우리를 기다리고 있었다. 반가운 인사를 나누고 곧장 3일 동안의 먹거리를 위하여 근처의 마켓에서 장을 보았다. 빠질 수 없는 것은 고기와 찌개거리 그리고 술이다.

H원장의 차를 타고 석포에 있는 별장으로 갔다. 석포는 경북 봉화군이고 강원도 태백시와 경계를 이루고 있다. 집은 뒤로 산기슭이고 바로 앞에 석포천이 흐르는 배산임수의 명당자리다. 황토방의 별채가 본채와 떨어져 있고 연못도 있으며 집둘레는 철쭉꽃, 하얀 돌배꽃이 흐드러지게 피어 있다. 근처에는 목사가 산다는 가옥 한 채만이 있을 뿐 아주 한적한 곳이다. 우리는 짐을 풀고 일부는 근처 산책에 나섰고 J대장과 Y는 저녁에 먹을 두릅을 따러 갔다. 나와 S는 산책에 나서 두릅이 있는지 살폈다. 길가의 두릅은 벌써 누군가 따가고 다시 나온 작은 순이 우리 차례였다. 키가 큰 두릅나무는 제일 위에 있는 것을 따기 위해 막대기가 필요하다. 두릅나무는 가시가 돋아 있어 주의해야 한다. 잘못하면 손에 상처를 입는다. 우리는 눈에 보이는 두릅 몇 송이를 들고 집에 돌아왔다. 그런데 J대장 팀은 장바구니에 거의 가득 차게 두릅을 따왔다. 같이 갔던 Y가 말했다.

"두릅 따는 것도 기술이 필요해. 대장은 두릅이 있는 장소도 잘 알지만 등산 스틱으로 나무를 척 감아 내려 두릅을 톡 따는 것이 여간 숙달된 솜씨가 아니더라구."

저녁식사 준비를 했다. 밥도 하고 영주에서 산 등심을 구웠다. 찌개 전문가인 Y는 찌개를 끓였다. 마지막으로 오늘의 별미 두릅을 준비했다. 뜨거운 물에 살짝 데친다. 데칠 때도 약간의 주의가 필요하다. 끓는 물에 두릅의 둥그런 밑동 부분을 조금 먼저 넣고 다음에 나머지 여린 줄기 순으로 데치면 전체적으로 균형 있게 된다. 뜨겁게 데쳐진 두릅을 지하수에서 나온 찬물에 헹구면 절차가 끝난다. 향이 진한 두릅을 맛보려면 초고추장을 살짝 찍어 먹어야 한다. 친구들은 탄성을 자아내며 연신 입이 즐겁다고 이구동성으로 말했다. 나도 적당히 큰 두릅을 집어 초고추장에 살짝 찍어 한입에 넣었다. 깔끔한 맛에 싱그러운 향이 입안에 봄 햇살처럼 퍼진다. 통통한 잎줄기의 부드럽고 탄력 있는 질감이 느껴진다. 아삭아삭 씹히는 여린 줄기와 잎에서 새순의 단맛이 우러난다. 과연 산나물의 제왕이라 일컬을 만하다. 두릅은 단백질, 섬유질, 당질, 인, 칼슘, 비타민, 사포닌 등이 함유되어 있어 몸 건강에도 좋다고 한다. K회장이 가져온 위스키 발렌타인이 두릅과 궁합이 잘 맞는지 술잔이 쉴 틈이 없다. 바로 옆에서 흘러가는 계곡의 물소리가 청량감을 더해주어 술맛이 더 나는지도 모른다.

밤이 되어 기온이 떨어지자 집안으로 들어가 술자리가 계속되었다. 집주인은 몸이 완쾌된 지 얼마 안 되어 술을 마시지 못하자 일찍 잠자리에 들려고 방에 들어갔다. 그런데 조금 있더니 발을 절뚝거리며 나오더니 "이거 큰일 났다. 말벌에 물렸어. 빨리 병원에 가야겠다." 하고 긴장된 목소리로 말했다. 술을 마시고 있던 우리들은 말벌에 물렸는데 왜 저렇게 호들갑을 떨어야 하는지 서로 말했다. 그는 저번에도 말벌에 물린 적이 있는데 큰일 날 뻔했다고 하면서 J에게 같이 가자고 하였다. 술이 거나하게 취한 상태라 J는 나에게도 같이 가자고 하였다.

신경외과의사인 H원장은 차를 타고 가면서 얘기하였다. 양치를 하러 방 안에 있는 화장실에 들어가서 슬리퍼를 신는 순간 그 안에 있던 말벌이 그의 발가락을 물었다는 것이다. 그러면서 그는 이번이 세 번째 물렸는데 지난번에는 혈압이 50까지 떨어져 운전도 못할 지경이었다고 한다. 그래서 운전을 못하게 될 경우를 대비해서 같이 가자고 한 것이란다. 말벌에 첫 번째 물리면 이런 현상이 생기는 것이 아니고 두 번째 물리면 독이 몸 안에서 중독 현상을 일으켜 치명적인 위험이 생긴다고 한다. 이런 것을 전문용어로 아나필랙시스라고 하는데 페니실린 쇼크로 사망 사고의 경우와 같은 것이라고 한다. 위험한 것은 30분 이내에 죽을 수도 있어 뱀에 물린 것보다 더 위험한 셈이다. 처음에는 왜 저렇게 난리를 피우는지 알 수 없다고 생각한 나는 마음속으로 미안한 마음을 금할 길이 없었다. 태백병원에서 치료를 잘 받아 자정이 넘어서 집으로 돌아왔다.

다음날 아침 일찍 일어났다. 낙동정맥길을 걷는 날이기 때문이다. 부지런한 대장은 아침거리로 라면에 넣을 두릅을 따왔다. 별식으로 두릅 라면을 먹은 우리는 두 차로 나누어 타고 석포역으로 갔다. 8시 19분의 기차를 타야한다. 석포역은 강릉과 영주를 잇는 영동선에 있는 역으로 철암역 바로 전에 있다. 석포역에는 영풍광업의 규모가 꽤 큰 아연제련소가 있다. 역에 있는 창고에는 어디론가 실려 갈 회색의 아연괴가 잔뜩 쌓여 있었다.

무궁화열차는 우리가 잡담하는 동안 분천역에 도착했다. 역에 내리자 사슴이 끄는 눈썰매 위에 앉아있는 산타클로스 할아버지가 우리를 반겨준다. 곳곳에 크리스마스의 상징물들이 여기저기 설치되어 있다. 분천에는 겨울에 눈이 많이 와 이곳을 산타마을로 만들어 놓았다. 알프스 마테호른의 아랫마을 체르마트와 자매결연도 맺었다. 지금은 한산하지만 겨울에 축제가 열리면 많은 사람이 찾아온다고 한다. 거리에는 음식점과 카페가 많은데 지금은 개점휴업인 곳이 많았다. 우리는 영업을 하는 카페를 찾아 커피 한 잔씩을 마셨다.

분천에서 시작하는 길을 정식 명칭으로는 낙동정맥트레일이라고 부르고 양원에서 승부까지는 특별히 낙동비경길이라고 부른다. 분천에서 시작되는 트레일은 도로가 잘 닦여 있고 평지여서 걷기에 좋았다. 지금 시각 서울에는 미세먼지가 뿌옇게 하늘을 덮고 있다는데 푸른 하늘에 공기가 여간 좋은 게 아니다.

길가에는 달맞이꽃, 섬초롱꽃, 접시꽃, 제비꽃 등이 저마다 자태를 뽐내고 있다. 왼쪽으로는 태백 황지에서 연원한 낙동강물이 힘차게 흘러가고 있다. 경치 좋은 곳에 세워져 있는 정자에서 주전부리와 함께 막걸리를 한 잔씩 하고 다시 걷기 시작했다. 얼마를 걸어가니 철교가 나오고 비동역이 나왔다. 비동역은 역사도 없고 역무원도 없다. 경치가 좋아 관광열차의 관광객만을 위한 정거장이다. 비동역에서부터 양원역까지는 체르마트길이다. 우리가 걷는 길 중 가장 힘든 코스라고 하지만 고개 하나 넘는 정도이다. 체르마트길이 끝나니 양원역에 도착했다. 양원역은 우리나라 최초의 민자 기차역이란다. 주민들이 역을 만들어 달라고 몇 년 간 청원했지만 정부에서 난색을 표하자 주민들이 직접 역을 만들었다고 한다. 대합실이 허름하게 한켠을 지키고 있을 뿐 역무원은 없다. 하지만 농산물을 파는 주민들과 음식을 파는 간이음식점이 있어 활기찬 모습이다. 주로 트레킹 하는 사람들이고 가끔 오는 관광열차의 관광객들이다.

점심을 이곳에서 먹기로 하고 음식점 주인에게 양해를 구해 준비해 간 소고기를 구워 먹었다. 막걸리를 시키고 안주거리로 두릅전, 메밀전병, 감자떡 등을 주문해 점심을 푸짐하게 먹었다. 두릅전은 밀가루는 얼마 안 되고 두릅이 태반이다. 두릅을 전으로 먹으니 그 맛이 또한 일품이었다.

포만감이 자신감을 가지게 한다. 양원에서 승부까지 가는 낙동비경길을 걷는다. 왼쪽으로는 영동선 철로를 따라 오른쪽으로는 휘돌아 흐르는 낙동강을 거슬러 올라간다. 바윗길도 있고 자갈길도 있으며 데크길도 있는가 하면 수풀 사이를 걷는 오솔길도 있다. 길이 바뀔 때마다 기분이 묘하게 변화되는 것을 느꼈다. 강을 건너는 출렁다리를 지날 때에는 출렁임을 즐기고 사진을 찍으며 잠시 망중한을 맛보았다. 경치가 수시로 바뀌니 구경하느라 시간 가는 줄도 모르고 힘든 줄도 모르겠다. 기차가 지나갈 때 손을 흔들어 주니 기차는 기적 소리로 답해준다. 기차도 낙동비경길의 일부인 것 같다. 자연에 심취해 비경길을 다 걷고 나니 마음이 맑아진 것 같은 느낌이 왔다. 최종 목적지인 승부역에 도착했다. 승부역에는 전 역무원이 써놓았다는 글귀가 눈에 들어왔다.

승부역은
하늘도 세 평이요
꽃밭도 세 평이나
영동의 심장이요
수송의 동맥이다

승부역이 얼마나 오지였는지 말해주는 짧은 글이다. 승부역에서 기차를 타고 석포로 돌아왔다. 두릅과 낙동비경길은 환상적인 조합이었다.

비수구미의 비경

때 이른 무더위가 기승을 부리는 6월의 마지막 주말 아침 일찍 등산객을 가득 태운 버스는 잠실을 출발하여 가평에 한 번 쉬고는 거침없이 화천의 비수구미에 다다랐다. 오른쪽으로 파로호가 보인다. 이 호수는 일제시대 북한강 협곡을 막아 축조한 화천댐으로 인해 생겨난 인공호수이다. 원래 이 호수는 화천호로 불리워졌다. 6·25전쟁 시 화천수력발전소를 놓고 싸운 화천전투에서 국군은 북한군과 중공군 3만 명을 격파하여 대승을 거두었다. 이를 기념하여 이승만 대통령이 적을 격파하여 포로로 잡았다는 뜻으로 화천호를 파로호(破虜湖)라 명명하였다.

해산령을 뚫은 해산터널을 지나자마자 버스가 정차하였다. 이곳이 해산령 쉼터이고 비수구미 트레킹의 출발점이다. 해산터널은

1986년에 착공했는데 그해 열린 아시안게임을 기념해 1,986m의 길이로 건설되었다고 한다. 우리가 버스에서 내리자 벌써 두세 대의 버스에서 내린 등산객들이 트레킹을 준비하고 있다. 비수구미란 말을 처음 들었을 때 그 이름이 독특하여 흥미를 가졌다. 이 이름의 유래는 비수구미 마을 뒷산에 새겨진 비소고미금산동표(非所古未禁山東標)에서 나왔다고 한다. 금산동표는 조선시대 궁궐건축에 쓰는 소나무 군락에 대한 무단 벌목금지 표시였다.

트레킹이 시작되는 입구에 들어서는 순간 서늘한 기운이 느껴진다. 긴팔 입고 와야 되는 건데 하고 생각했다. 군 트럭이 딱 한 대 지날 수 있는 길을 따라 걸었다. 자갈길인 이 도로는 군용도로인 것으로 보였다. 계속 내리막길이고 중간 중간에 흙길이 나와 발을 편하게 해주었다. 길 양옆에는 쑥부쟁이를 비롯한 야생화가 우리를 반겨주고 색색의 나비들은 환영 비행을 해준다. 가는 중에 곤충 채집하는 두 사람만 만났을 뿐 9㎞가 넘는 길을 가도 민가는 물론 사람도 못 만났다. 오지임에는 틀림없다. 계곡의 물소리와 춤추는 나비들 사이로 두 시간여의 삼림 속을 걷다 보니 어느새 비수구미 주민이 사는 동네가 나왔다. 이곳에 한때는 화전민 100여 가구가 살았다고 하는데 이제는 달랑 세 집만 남아있다. 반장댁과 통장댁 그리고 이장댁이라고 부른단다.

점심시간이 되었다. 우리는 네 사람이 앉은 다음에야 서빙한다는 급조된 야외 식당 테이블에 앉았다. 산채비빔밥이 메뉴인데 이건

영 아니다. 여기저기서 불평이 들려온다. 산채나물은 몇 가지를 삶기만 한 채로 놓여 있고 비빔밥에 꼭 있어야 할 참기름도 없다. 그 흔한 계란프라이도 없다. 하지만 두 시간 이상 걸었으니 배가 고팠다. '시장이 반찬이다'라는 말이 실감나는 순간이다. 이곳은 작년에 TV 인간극장에 방영되면서부터 갑자기 세인의 관심을 끌게 되었다고 한다. 그 전에는 간간이 오지를 찾는 등산객만 있다가 갑자기 엄청나게 사람들이 몰려와 급조된 식당이 생긴 것이다. 매스컴의 위력은 대단하다. 끝까지 떠나지 않은 세 가구는 대박을 맞은 것이다. 엉터리 비사구미 산채비빔밥을 먹고 우리는 다시 트레킹 코스를 걸어 그 유명한 평화의 댐까지 걸었다. 비수구미 마을은 파로호 호반과 맞닿아 있어 배로 평화의 댐 선착장까지 갈 수 있는데 심한 가뭄으로 배의 운행이 중지되었다고 한다. 파로호를 끼고 걷는 길은 흙길이고 산중턱도 지나게 되어 있어 식사 후의 트레킹으로는 안성맞춤 코스였다.

평화의 댐은 1986년 북한에서 금강산댐 착공을 발표하자 정부는 이에 대한 대응 댐 개념으로 평화의 댐 건설을 발표하였다. 북한의 물에 의한 공격인 수공(水攻)을 막고 홍수를 예방하고자 댐을 건설해야 한다며 정부는 대대적 홍보를 하였다. 국민들의 애국심에 호소해 국민의 성금을 모아 건설한 국민의 댐이다. 평화의 댐을 현장에서 직접 보니 30년 가까이 되었지만 그때의 기억이 생생하게 되살려졌다. 평화의 댐은 북한에서 물이 흘러들어 와야 되는데 가뭄이라 북한에서 방류를 안 하니 저수되어 있는 물이 별로 없었다. 물이 가득 차 있는 웅장한 모습을 기대한 나로서는 실망감을 감출 수가 없었다. 댐의 웅장한 규모가 을씨년스럽게 느껴졌다. 평화의 댐을 바라보는 위치 좋은 곳에 자리한 범종은 특별한 사연을 가지고 있었다. 고르바쵸프도 타종하고 갔다는 '세계평화의 종'은 세계 각국의 분쟁지역에서 보내온 총알과 포탄의 탄피로 만들었다고 한다. 종의 재료는 1만관(37.5톤)이 소요되었는데 여기에서 한 관을 따로 떼어 놓았다고 한다. 통일 후에 이 한 관을 추가해 평화의 종을 완성시킨다는 것이다. 통일은 대박이라는데 하루 속히 통일이 되기를 염원해 본다. 비는 내리고 시간을 재촉하는 주최측의 독려에 주위 풍경을 제대로 감상하지 못해 아쉬움을 남기며 버스에 올라탔다.

소백산의 상고대

세모의 끝자락인 28일 아침 일찍 집을 나서 청량리역으로 향했다. 소백산에 가려면 중앙선을 타야하기 때문이다. 작년에 갔다 온 친구로부터 상고대의 진수를 보려면 소백산에 가야한다고 해서 동계 산행에 동참하게 되었다.

서둘러 가느라 30분 일찍 역에 도착했는데 그날따라 30분 늦게 출발한 기차 덕분에 한 시간이나 대합실에서 친구들과 잡담으로 시간을 보냈다. 나를 포함해 다섯 명인데 나를 빼고 모두 등산에 베테랑이다. 나는 지난 8월부터 무릎이 아파 산에도 제대로 못간지라 사실 은근히 걱정되었다. 청량리에서 부산을 잇는 중앙선은 비인기 노선이라 승객이 많지 않았다. 드문드문 앉아 있는 차안을 오가는 승무원이 배차 시간을 줄인다는 방침에 반대하는 어깨띠를 두르고 있어 의아했다. 우리를 태운 무궁화호는 두 시간 반을 달려 원주와 스포츠센터 화재로 상처가 가시지 않은 제천을 지나 소백산역이라고도 불리는 희방사역에 도착하였다.

등반대장인 K는 희방사 방향으로 올라가는 길도 있지만 좀 험하기도 하고 시간상 제약으로 죽령옛길을 택하였다. 선조들의 숨결이 어린 죽령은 신라시대부터 1800년 넘게 이어온 고갯길이다. 그런데 죽령(竹嶺)의 명칭이 대나무가 많이 있어 붙은 이름인 줄 알았는데 그게 아니었다. 신라의 8대 왕 아달라이사금이 신하인 죽죽(竹竹)에게 길을 개척하라는 명을 내렸고 죽죽은 고갯길을 다 완성하고 기력이 다해 죽었다. 사람들은 큰일을 한 죽죽을 기려 죽령이라고 불렀다. 삼국사기와 동국여지승람에 나오는 이야기다.

이 길은 오랫동안 보부상의 장삿길로, 선비들의 과거보러 가는 길로 이용되었으며 최근까지도 단양과 영주를 잇는 길이었다. 옛사람들의 정취가 느껴지는 길 중간 중간에 사과 과수원이 눈에 띄었다. 언뜻 보아도 수령이 오래된 늙은 사과나무에 한두 개 사과가 달려 있는 것이 삭막한 겨울 풍경의 지루함을 달래주었다. 한 시간여 걸으니 죽령에 도달했다. 높다랗게 서 있는 죽령루의 누각을 지나자 우리를 환영하는 듯이 거센 바람이 불어왔다. 점심시간이 된 지라 시장기가 발동하였다. 눈앞에 주막집이 보였다. 옛날 나그네들이 들러서 막걸리를 들이키며 여독을 풀었던 그런 집처럼 보였다. 그러나 우리 대장은 나의 바람과는 달리 죽령휴게소로 가자고 했다. 그는 십여 차례 소백산에 다니면서 주막집에도 갔었는데 기분 안 좋은 일이 있었다고 했다. 휴게소에서 푸짐한 점심을 먹고 올라갈 준비를 하며 소백산을 조망하였다. 산세가 완만하고 부드러운 느낌으로 다가왔다. 소백산은 한반도의 척추인 백두대간의 중심에 위치하고 있다. 이중환의 택리지에 보면 조선 명종 때 남사고 선생이 소백산에 올라 '이 산은 사람 살리는 산'이라 하여 감탄을 하고 엎드려 절을 하였다는 기록이 있다. 그만큼 산세가 좋고 풍수지리가 뛰어나다는 것을 말해주고 있다.

기상관측소를 짓느라 닦아놓은 널찍한 도로를 따라 제2연화봉 대피소가 있는 방향으로 걸었다. 눈은 쌓여 있었지만 아이젠 없이도 걸을 수 있었고 날씨도 그렇게 춥지 않아 올라가는데 어려움은 없었다. 그러나 몇 달 동안 등산을 안 하다가 서너 시간을 오르니 다리가 뻐근하고 힘이 들었다. 드디어 소백산 기상관측소에 도착하였다. 산 정상에 저렇게 큰 건물을 세웠다니 놀라웠다. 이 건물 가까이에 있는 대피소는 최근에 지어진 건물로 설악산이나 지리산의 숙소가 여인숙이라면 이곳은 모텔급이었다. 무엇보다 화장실이 건물 안에 있는 게 좋았다. 설악산 겨울 산행 때 춥고 바람 부는 밤에 바깥에 있는 화장실에 가는 것은 고역이었다.

유명한 천문대가 있어 밤에 많은 별들을 볼 수 있는 기대는 잔뜩 흐린 날씨로 실망으로 바뀌었지만 구름으로 인해 밤새 상고대가 필 것을 생각하니 위안이 되었다. 저녁은 친구 W가 가져온 한우

쇠고기에 소주를 곁들여 포식을 하였다. 그는 아직도 현직에 있는데 산에 올 때마다 풍성하게 준비를 해 온다. 여유도 있겠지만 친구들을 위해 정성이 깃든 음식을 준비해 오는 것이 여간 고마운 것이 아니다. 저녁 먹는 내내 세차게 부는 바람소리가 바깥의 황량함을 알려주었다.

다음날 아침 6시에 일어나 밖에 나오니 어제의 구름이 산 전체를 휘감아 운해(雲海)를 이루고 있었다. 시야가 10여 미터나 될까 말까 하고 밤새 눈발이 날려 길은 미끄러웠다. 대피소 주위의 모든 나무에는 눈꽃이 아름답게 피어 있다. 상고대라 불리는 눈꽃은 영하 4도 이하이며 고도는 최소 1000미터는 되어야 하고 구름과 바람이 적절히 조화되어야 제대로 핀다고 한다. 어젯밤과 오늘은 그런 조건들이 완벽하게 맞아 떨어져 상고대가 화려하게 핀 것이다.

우리는 아침을 라면으로 때우고 아이젠을 착용하고 소백산 최고봉인 비로봉(1,439m)을 향해 출발했다. 숙소에서 연화봉까지는 평범한 길이었고 눈도 많지 않았다. 얼마 안 가 연화봉에 이르니 동료들은 눈이 많이 쌓인 것 같으니 스패치를 하자고 했다. 겨울 등산 초보인 나는 스패치 착용법도 제대로 몰라 친구의 도움을 받았다. 과연 길은 눈이 무릎까지 쌓여 있었고 걷기가 힘들었다. 햇볕이 잘 들지 않는 음지에 바람이 눈을 몰아와 다른 곳보다 눈이 많이 쌓인 것이다. 그러나 주위의 모든 나무에 핀 눈꽃은 눈을 황홀하게 만들었다. 눈길을 30여 분을 걸어 왼쪽으로 방향을 바꾸니 갑자기 세찬 삭풍이 불어오기 시작했다. 몸을 잘 가누지 못할 만큼 강한 바람과 무릎까지 쌓인 눈에 나는 몇 번이나 넘어지면서 힘들게 걸었다. 하지만 마치 눈꽃 정원에 온 것처럼 모든 나무에 순결의 하얀색으로 활짝 핀 상고대 모습과 운해에 가려 아스라이 보이는 산들의 풍경은 신비감을 자아내기에 충분했다. 두 시간여의 눈이 쌓인 길을 바람과 싸우며 설국의 풍경을 감상하며 걷는 길은 비로봉까지 계속되었다.

비로봉에서 목적지인 천동주차장까지는 하산길이다. 그런데 내려오는 길은 아까와 사뭇 달랐다. 언제 그런 겨울 산행을 했나 싶을 정도로 그렇게 세차게 불던 바람은 온데간데없고 기온마저 영상 기온처럼 느껴지는 온화한 날씨다. 마치 다른 나라에 온 것 같았다. 소백산의 겨울과 봄을 경험한 것처럼 느껴지는 날씨의 변화였다. 천동주차장에서 택시를 타고 단양으로 가면서 봄에 철쭉 축제 때 다시 오자고 친구들과 약속하였다.

전문산악인이 된 사연

11월의 대로여행은 동강을 가기로 하였다. 여기서 대로는 '발가는 대로'에서 따온 것이다. 이번 여행은 성진이의 제안에 따라 래프팅으로 유명한 동강으로 방향을 잡았다. 매년 10월에 가는 대로여행이지만 올해는 종국이의 장기간 미국여행으로 인해 좀 늦은 11월 중순이 되었다. 하지만 날씨는 쾌청하고 기온도 적당하여 여행에는 최적의 조건이었다. 아침 일찍 압구정 현대백화점에서 만난 4인의 여행 마니아는 스포티지에 몸을 실었다. 종국이의 스마트한 운전 솜씨 덕분에 세 시간여 만에 목적지인 동강 옆에 우뚝 솟은 백운산 입구에 도착하였다. 성진이는 오랫동안 낚시와 휴식처로 이곳을 이용하여 왔으나 백운산 등산은 생각만 있었지 그동안 실행하지 못하였다고 한다. 오늘은 작심하고 수려하게 생긴 백운산 등정에 도전한 것이다.

사설 주차장에 주차를 하고 이정표를 따라 입구에 도착하니 팻말이 보인다. 팻말에는 '이곳 백운산은 산세가 매우 험하니 전문산악인 이외에는 산행을 삼가 주시기 바랍니다.'라고 쓰여 있다. "나는 전문산악인이 아닌데 어떡하지?" 하고 내가 말하자, 성민이가 "야, 나는 설악산 공룡능선을 두 번이나 넘었는데 그 정도면 전문산악인 아니냐?" 하고 말했다. 옆에 있던 성진이는 "설악산 용아장성능선도 갔다 온 사람이다."라고 말했다. 용아장성능선은 하도 험해서 당국의 허가가 필요한 코스라고 한다. 우리의 결론은 얼마나 험한지는 몰라도 강행하기로 하였다. 밭길을 지나 산자락을 타고 걸어갔다. 초입에는 낙엽이 수북하게 쌓인 길이라 편안하게 걸었다. 전망대가 있는 곳까지 다다르니 이정표가 보인다. 정상까지 1.1㎞ 남았다고 알려준다. 총 2㎞이니 900미터 온 셈이다. 그런데 여기서부터 고행이 시작되었다. 경사는 가파르고 뾰족한 바위들이 연이어 앞길을 가로막는다. 군데군데 설치해 놓은 밧줄을 이용해야만 올라갈 수 있는 곳이 많았다. 더구나 낙엽에 가려져 있는 바위나 돌 때문에 조심조심 올라가지 않으면 안 되었다. 팻말에 쓰인 말이 과장이 아님을 알았다. 두 시간여를 악전고투하여 정상에 도달하니 세 시간 정도 걸렸다. 백운산은 높이가 882미터로 높은 편은 아니나 험하기로 치면 여기에 천 미터는 더해야 될 것 같다. 하지만 정상에 올라온 보람이 있다. 굽이굽이 감아 도는 동강의 쪽

빛 강물과 사방에 펼쳐져 있는 아름다운 풍광을 보니 탄성이 저절로 나온다. 이것을 두고 고진감래(苦盡甘來)라 하던가. 이곳에 댐을 건설하려다가 주민과 환경단체의 반대에 부딪쳐 계획을 취소한 것은 정말 잘한 일이었다. 영월군을 동서로 가르며 흐른다 하여 동쪽을 동강, 서쪽을 서강이라 부른다. 특히 동강은 기암절벽과 천혜의 비경을 간직하고 있고 동강 유역의 일대는 희귀 동식물이 서식하고 있어 생태계의 보고라 알려지고 있다.

올라갈 때보다 두 배는 더 조심하여 하산하였다. 우리는 10여 분 거리에 있는 민박집 '억조식당'에 여장을 풀었다. 이 식당은 성진이가 20여 년간 단골로 이용한 곳으로 주인과는 호형호제하며 돈독한 우정을 나누는 사이란다. 식당 주인인 박사장은 우리 일행을 반갑게 맞이하며 저녁식사로 정선에서 제일 좋은 한우고기를 준비했다고 했다. 안주인이 여섯 시가 넘어서야 들어왔다. 언뜻 얼굴로 보아서는 30대 같아 보였는데 50이 다 되었다고 한다. 어디 갔다 왔느냐고 묻자 그녀는 아침에 김장을 담그고 오후에는 동강에 다슬기를 잡으러 갔다 왔다고 한다.

래프팅이 가능한 여름에는 바쁘지만 요새는 다슬기를 잡아 하루 30만 원 정도의 수입을 올린다고 한다. 시골 여인의 억척스러움과 부지런함이 몸에 배였다. 부인은 어느새 저녁을 준비했고 우리는 소고기를 굽기 시작했다. 우리와 주인 부부 여섯 명은 종국이가 굽는 고기를 안주 삼아 소주병을 비워 갔다. 손님이 주인과 같이 식사하는 모습이 마치 한 식구처럼 보인다. 성진이와 그들 간의 격의 없는 사이를 말해 주고 있었다. 나는 이집 식당에서 제일 잘하는 음식이 무엇이냐고 물었다. 그는 매운탕, 토종닭 백숙, 어죽 등이 있는데 그중에도 어죽이 최고란다. 동강에서 잡히는 물고기가 꺽지, 어름치, 버들치, 쉬리, 돌박갓, 모래무지, 닥꾸, 쏘가리, 빠가사리, 중돌밧갓, 메기, 탱수, 뺀대 등 30여 가지가 있다고 한다. 어죽은 이런 잡어를 조리하여 죽을 쑨 것인데 영양가가 최고라며 엄지손을 치켜든다. 위암 수술을 한 환자도 이것을 먹고 치유되었다고 자랑이 대단하다. 우리들은 11시가 넘도록 소주병을 비웠는데 병 수가 한 다스에서 하나 모자란 열한 병이었다.

다음날 아홉시 넘어 일어나니 주인장은 병원에 가고 안주인은 쏘가리와 빠가사리로 만든 매운탕을 만들어 놓고 다슬기 주우러 동강에 갔다. 속풀이로 매운탕이 제격이었다. 그런데 매운탕의 절반은 매운탕 마니아 성민이가 먹은 것 같다. 그는 이렇게 잘 끓인 매운탕은 처음이라며 국물 한 방울 남기지 않고 먹어 치웠다. 그는 기분이 좋았는지 아침 밥상 설거지까지 해주었다. 그러니 집에서 부인한테 점수를 따지. 우리는 오늘의 여정에 들어 있는 정양산성이 있는 계족산으로 향했다. 동강의 경치를 감상하며 30여 분을 가니 영월 가스발전소 옆에 있는 계족산 입구가 나왔다. 한참을 올라가니 산성 입구가 나왔다. 팻말에는 문화재 보수공사 중이라고 써 있다. 정양산성은 내성과 외성으로 되어 있는데 내성은 삼국시대에 축조되었고 외성은 고려시대에 지어진 것이라고 한다. 내성은 높이가 12미터나 되는데 계족산의 능선에 어떻게 그 많은 돌을 날라 축조하였는지 경이스러웠다. 설명은 없었지만 우리는 역사 지식을 총동원하여 이 산성은 고구려와 신라의 국경선이었으며 축조 시기는 광개토대왕과 장수왕 때일 거라고 추정하였다. 우리는 산성위에 올라가 서강을 바라보며 경계를 섰을 고구려 군사가 되어 보기도 하였다.

키르기스스탄의 추억

키르기스스탄으로 가기 위해 과묵한 러시아인이 운전하는 일본산 중고 버스에 몸을 실었다. 알마티에서 키르기스스탄으로 가는 길은 가도 가도 끝이 없이 펼쳐지는 초원이었다. 초원이라지만 비가 거의 오지 않아 사막화가 된 곳이다. 여기 초원은 오래전에는 바다였는데 융기가 되어 만들어진 땅이라 소금기가 많다고 한다. 그래서 풀이 잘 자라지 못하여 말이나 양이 충분히 뜯어 먹을 수가 없다. 그래도 이따금씩 보이는 말떼나 양떼가 무료한 여행의 눈요기가 되었다. 그런데 최근 2년 전부터 간간이 비가 오고 있어 초원이 경작지가 될 가능성이 커지고 있다고 한다. 기후변화의 덕을 보고 있는 것 같다.

키르기스스탄으로 들어서자 제일 먼저 눈에 들어온 것은 오래된 중고 차량들의 행렬이었다. 독일과 일본 등 각국에서 들여온 각양각색의 중고차가 거리를 누비고 있다. 운전석이 오른쪽에 있는 것도 있고 왼쪽에 있는 것도 있다. 현기증이 날 지경이지만 이곳 사람들에게는 자연스런 일상이었다. 2010년 4월 튤립혁명으로 민주정부가 들어선 이 나라는 독립 초기부터 장기집권하고 있는 다른 중앙아시아 국가와는 달리 가장 민주적인 국가라고 자부하고 있다. 중국과 인접한 이곳 사람들은 우리와 같은 몽골계통으로 한국인과 외모가 비슷한 점이 많다.

키르기스스탄의 수도 비쉬케크는 제정 러시아 시절에 국경수비대가 있었던 곳에 1878년에 세워진 도시다. 올해 140주년이 된다고 거리마다 현수막과 홍보물이 넘쳐났다. 비쉬케크에 도착한 첫날에 한인식당에서 저녁을 먹고 도심에 있는 알라따우광장에 갔다. 광장에는 대통령 관저, 정부 청사, 의회 건물, 중앙박물관 등 주요 건

물이 들어서 있다. 우리는 근처 가게에서 맥주 몇 병을 사와 분수대 옆에서 마시며 잡담을 나누고 있었다. 그때 청년 서너 명이 우리에게 "안녕하세요."라고 한국말로 인사를 건네었다. 우리는 놀랍기도 하고 반가워 비록 서툴지만 한국어로 대화를 나누었다. 그들은 한국에서 취업하기 위해 이곳 학원에서 한국말을 배웠고 그들 중 한 사람은 다음 달인 5월에 한국에 간다고 한다. 이들과의 조우는 대한민국의 국력의 파도가 이곳 중앙아시아 오지에까지 밀려왔다는 것을 느낄 수 있는 기회였다.

다음날 알라메딘 계곡을 트레킹하고 저녁은 비쉬케크의 우즈베키스탄 식당에서 먹기로 하였다. 식당에 들어서니 이슬람의 분위기가 물씬 풍겼다. 좌석도 의자가 아니고 양반다리를 하고 앉아야 하는 이슬람식 구조였다. 우즈베키스탄은 키르기스스탄과 달리 이슬람 종교가 매우 강하다고 한다. 그래서 식당에서 술도 팔지 않고 마시면 안 된다고 한다. 메뉴는 이곳 사람들이 좋아하는 샤슬릭이다. 샤슬릭은 양고기 꼬치구이다. 전채로서 빵과 야채가 나왔지만 시장기가 돈 우리들에게는 양에 차지 않았다. 양고기를 굽는 사람은 한 사람이고 주문은 밀려 있어 좀처럼 나오지 않았다. 술을 좋아하는 친구들이 안주가 좋은데 술을 마실 수 없다는 것에 불만이 있었다. 한 친구는 시루떡 먹는 데 물 없이 먹으라는 것과 같다는 말도 했다. 한 친구가 마트에 술을 사오겠다고 다른 한 친구와 나갔다. 좀 있으니 에비앙 물을 두 병 들고 의기양양하게 들어왔다. 물을 산

다음에 물은 비우고 거기에 보드카를 넣어온 것이다. 보드카 색깔이 물 색깔과 구별하기 어려우니 누가 봐도 술이 아닌 물로 보였다. 참신한 아이디어였다. 몰래몰래 따라 마신 보드카로 인해 그날 먹은 샤슬릭은 최고의 맛이었다.

이번 여행의 하이라이트는 이식쿨호수 주변 트레킹이다. 키르기스스탄의 보물은 수많은 호수들이다. 그중에도 이식쿨 호수는 백미다. 해발 1,600미터에 위치하고 있어 남미의 티티카카 호수에 이어 세계에서 두 번째 높은 곳에 있는 호수다. 길이는 182㎞, 폭은 60㎞로 제주도 면적의 3배가 넘는다. 이식쿨호수 지역은 스키타이 문명이 꽃을 피웠고 티무르 제국 황제의 여름 별장이 있었다고 한다. 지금은 카자흐스탄인과 러시아인들의 하계휴양지로 인기가 있다고 한다.

우리는 휴양 중심지인 촐판아타로 갔다. 이곳은 청동시대부터 1세기까지 바위에 새겨진 암각화가 유명하다. 그런데 중요한 인류 자산이 노천에 그대로 노출되어 있어 암각화는 비바람과 뜨거운 태양빛에 손상되고 있어 안타까웠다.

호숫가 물위에 설치된 전망대에서 경치를 감상했다. 앞으로는 텐산산맥이 둘러싸고 뒤로는 알라투산맥이 호수를 호위하고 있다. 두 산맥 모두 눈에 뒤덮인 설산이다. 건장한 두 사람의 전사가 미인을 보호하고 있는 것 같다. 텐산산맥이 품었다가 내어 놓은 빙하수와 호수 밑바닥에서 올라오는 온천수가 뒤섞인다. 호수에 손을 담가보니 시리도록 차갑다. 에메랄드빛의 장엄한 이식쿨호수를 배경으로 와인을 마시며 눈과 가슴에 경치를 담았다.

이시쿨호수 트레킹 중에서도 알틴 아라샨 트레킹은 백미라 할 수 있는 것이었다. 알틴 아라샨은 국가 자연보호지역으로 경치가 아름답다. 눈표범과 곰도 서식한다고 한다. 저 멀리 4,260m의 거봉을 자랑하는 팔랏카 봉우리가 하얀 모자를 둘러쓰고 위용을 뽐내고 있다. 해발 1,880m의 기점에서 3,000m 고지까지 올라가는 트레킹이다. 완만하게 이어지는 길은 편도 14㎞, 왕복 28㎞의 긴 여정이다. 울창한 숲과 수량이 풍부한 계곡의 물이 바위에 부딪히며 내는 소리가 청량감을 더해준다. 심심치 않게 산 위에서부터 내려온 눈이 쌓여 빙하처럼 얼어있는 커다란 얼음덩어리가 우리의 눈길을 끈다. 지프차에서 내린 사람들이 길을 막고 있는 눈 반 얼음반의 덩어리를 치우느라 여념이 없다. 그들에게 인사하니 반갑게

받아준다. 고산병 증세가 나타날 수 있다는 파키스탄에서 온 가이드의 조언에 따라 나를 포함한 네 명은 끝까지 가지 못해서 아쉬웠지만, 알틴 아라샨의 멋있는 풍광을 제대로 감상하는 것으로 만족하였다.

바콘바예바에서 말똥 냄새가 풍기는 유르트(게르) 숙소에서의 하룻밤은 키르기스스탄여행의 마침표였다.

경이로운 태항산

미지의 세계로의 여행은 언제나 그렇듯이 흥분과 설렘이 동반된다. 등산을 시작한 지 얼마 안 되어 처음으로 나선 해외산행이라 더욱 그런 것 같다. 목적지는 중국의 중부 내륙에 위치한 '중국의 그랜드캐년'이라고 불리는 태항산(太行山)이다. 우공이산(愚公移山)의 전설이 서려있는 태항산은 산서성 북부에서 시작해 하북성, 하남성과 산동성의 4개 성에 걸쳐있다. 태항산의 서쪽이라 산서(山西)이고 동쪽이라 산동(山東)이라고 한다. 태항산은 남북으로 600㎞, 동서로 250㎞에 이르는 넓은 지역으로 오랜 세월 침식과정을 거쳐 형성된 대협곡과 폭포 등이 웅장함과 절경을 자랑한다.

고교 동문들과 부인들로 구성된 우리 일행은 중국 비행기를 타고 한 시간 정도 날아 청도에 도착하였다. 우리의 첫 목적지인 정주(鄭州)에 가기 위해서는 청도에서 야간기차를 타야한다. 점심 후 시간 여유가 있어 일부는 청도 시내를 관광하고 일부는 찌모루시장에 들렀다. 일명 짝퉁시장이라 불리는 그곳은 외국 유명 브랜드를 그대로 베껴 만든 제품으로 가득하다. 짝퉁에도 상·중·하의 세 가지 유형이 있고 상급 짝퉁은 전문가도 식별이 어렵다고 한다. 부르는 값의 삼분의 일에 살 수 있다는 가이드의 정보가 있었다. 부르는 가격에서 값을 깎아 최종 가격까지 흥정하는 과정이 흥미로웠다. 나도 그렇게 흥정하여 거의 삼분의 일 가격으로 가방을 하나 샀다. 예전의 남대문 시장에서 물건 살 때와 흡사한 광경이다.

5시가 넘어 하남성(河南省)의 성도인 정주로 가는 기차에 몸을 실었다. 기차는 6인 1실이었고 침대는 3층으로 되어 있다. 기차에서 우리는 역에서 산 저녁거리를 안주삼아 맥주파티를 열었다. 한 친구는 목이 말라 스프라이트를 마셨더니 누군가가 그 속에 백주(白酒)를 넣어 놓았다고 난리를 쳤다. 차창너머로 보이는 중국의 농촌 풍경은 평화롭기 그지없다. 몇 시간을 가도 끝없이 이어지는 평야가 눈앞에 전개되었다. 대부분 밀밭이었는데 밀이 마치 못자리의 볏모처럼 촘촘히 심어져 있다. 땅이 기름져서일까 아니면 비료를 많이 주어서일까 궁금했다. 곳곳에 백양나무 종류의 나무들로 이루어진 방풍림들이 너른 평야의 단조로움을 달래주었다. 야간열차에서 장장 14시간을 지내야 했다. 3층에서 잠을 잔 회원들의 불평이 많았다. 정주역에 도착하니 아침이 되었다. 아침을 먹으면서 가이드에게 이곳은 항상 이렇게 날씨가 좋으냐고 물었더니 그는 정주에 10번 넘게 왔으나 이렇게 좋은 날씨는 처음이라며 이번 팀은 복 받은 거란다. 보통은 비 아니면 안개에 스모그까지 겹쳐 맑은 날씨 보기가 어렵단다. 어제 밤사이 내린 비로 인해 시야는 어느 때보다 탁 트였다.

우리의 첫 관광지 구련산(九蓮山)에 도착했다. 구련산은 하남성 휘현시에 소재하고 9개의 산봉우리가 연꽃 모양을 하고 있어 붙여진 이름이다. 웅장한 산세를 감상하며 얼마간 걸어가니 절벽에 높다란 엘리베이터가 설치되어 있다. 블로그에서 본 것이라 반갑기도 하였다. 165미터의 엘리베이터는 어느 한국 관광객이 제안하여 설치하였다고 한다. 나와 몇 사람은 엘리베이터를 타지 않고 기존의 계단으로 된 길로 걸어갔다. 30분을 걸어가면서 경치를 감상하고 배경이 좋아 사진도 많이 찍었다. 얼마간 걸어가니 서련사가 나타났다. 절에는 불공을 드리는 중국인들이 많이 있었고 그들이 피운 향내가 코를 찌른다. 절을 지나가니 숙소가 나타났다. 방을 찾아 여장을 풀었다. 화장실에 휴지도 비치되어 있지 않았다. 샤워를 하려고 했으나 더운 물도 나오지 않았다. 룸메이트인 친구 S는 실망하는 빛이 역력했다. 그는 중국에 자주 왔었고 항상 최고급 호텔에만 숙박을 하였다고 한다. 배낭여행에서는 이런 일이 다반사라고 그에게 말하긴 했어도 나도 불만족스러운 것은 마찬가지였다. 바닥이 너무 차서 밤새 잠을 제대로 못 자고 일어나니 몸이 무겁고 피곤하였다.

다음날 우리는 숙소를 나와 각자 점심으로 먹을 것을 사가지고 트레킹을 시작하였다. 이 트레킹 코스는 이번 여행을 주선한 중국 전문인 T여행사에서 개발한 것으로 일반 여행사의 프로그램에는 없는 것이라 했다. 가이드는 트레킹을 할 때 몇 가지 주의사항을 말하였다. 절대로 말하면서 둘이 걷지 말고 한 줄로 걸어야 하는 것과 될 수 있으면 왼쪽으로 붙어서 가라는 것이었다. 그 말이 헛

말이 아니라는 것이 얼마 안가 증명되었다. 좁은 잔도에 풀이 나있는데 그 풀이 낭떠러지의 경계선이었다. 멋모르고 얘기하다 걷다가는 천길 절벽으로 직행할 수 있는 것이다. 밑을 내려다보니 현기증이 나며 머리카락이 곤두섰다. 협곡 저 너머로 깎아지른 듯한 절벽이 계속 이어진다. 중국의 그랜드 캐년답게 웅장한 모습이고 다채로운 풍광을 보여준다.

트레킹 중에 몇 시간 만에 유일하게 만난 사람은 젊은 중국인 부부였는데 차림새를 보니 절이나 친척 집에 가는 모습이었다. 길을 따라 염소 똥이 군데군데 보였다. 조금 더 걸어가니 일군의 염소 떼가 산기슭에 여기저기 포진해 있다. 이런 외진 산속에서 동물을 만나 반가워 인사를 건넸다. 그들도 우리들에게 음메에 하고 인사하였다. 염소들도 이처럼 많은 수의 사람들을 본 것은 처음이라 반가웠을 것이다.

파노라마처럼 변하는 웅장한 산세와 풍광을 즐기는 다섯 시간의 행군은 스릴과 긴장감이 넘쳤고 마음을 정화시키는 힐링의 시간이었다. 첫날의 미션을 무사히 마쳤다는 안도감과 행복감을 만끽하기 위하여 마을의 음식점에서 맥주 한잔을 하고 있었다. 그런데 난데없이 나타난 마을의 노인이 마을을 지난 통행료를 내라고 가이드에게 항의하고 나중에는 행패까지 부리는 것이었다. 억지에는 당할 길이 없었다. 결국 일인당 5유안씩 115유안을 내고 무마되었다. 여행에는 항시 그 여행을 잊지 않게 하는 해프닝이 있게 마련이다.

가이드는 다음 목적지는 왕망령(王莽嶺) 정상에 있는 숙소라고 말하면서 가는 방법에 두 가지가 있다고 하였다. 빵차(소형버스)로 가는 방법과 왕망령까지 세 시간 정도 걸리는 등산길을 따라 걸어가는 방법이라고 제안하였다. 다섯 시간을 걸었으니 대부분 버스로 가는 것을 선호하였으나 나와 산을 제일 잘 타는 J부부 그리고 미국에서 온 친구가 걸어가겠다고 하였다. 다른 사람은 몰라도 내가 지원한 것에 대해 다들 놀라워했다. 그도 그럴 것이 산에 갈 때마다 제일 후미에서 따라갔었으니까. 하여튼 가이드를 포함한 다섯 명은 왕망령 입장권을 사가지고 등산을 시작했다. 유방이 세운 한나라(전한)시대에 왕망(王莽)이 난을 일으켜 새 나라를 세웠는데 이곳에서 유방의 후손인 유주를 절벽으로 밀어버렸다는 고사가 전해진다. 길은 잘 정돈 되어 있었고 산에서 내려다보이는 풍광을 감상하며 왕망령 정상에 도착하였다. 산위에 세워진 호텔은 사방이 확 트여있고 전망이 기막히다. 앞으로는 산책 코스고 뒤에는 일출 전망대, 옆에는 커다란 돔형의 식당이 자리 잡고 있다. 지난밤을 보냈던 숙소와는 비교가 안 될 정도로 좋았다. 사흘 만에 샤워를 하고나니 몸이 날아갈 것 같다. 저녁은 널따란 식당에서 거의 전세 내다시피 우리 팀이 독차지하고 식사를 했다.

왕망령에서의 일출이 기막히다는 얘기는 들었지만 나는 며칠만의 숙면으로 놓치고 말았다. 부지런한 사람들은 일출의 아름다운 장면을 볼 수 있었다고 한다. 아침 식사를 마치고 왕망령과 만선산(萬仙山)을 잇는 트레킹 코스를 시작했다. 만선산은 만 명의 신선이 산다고 이름이 붙여졌다. 깃발을 든 중국인들도 만났다. 한국에서 왔다고 하니 엄지손가락을 세우며 호의를 표시했다. 그런데 내려가는 길이 장난이 아니었다. 돌로 만들어진 2,700여 개의 계단은 가파른 길이었고 정신을 집중하지 않으면 안 되었다. 한 친구는 아찔한 순간이 있었다며 긴장됐던 순간을 떠올리기도 했다. 긴 계단을 다 내려와 맥주로 갈증을 달래며 다음 행선지에 대해 의논하였다. 가이드는 남평으로 가는 길을 제안했으나 J는 단분구로 가자고 하였다. 결국 전기차로 단분구로 가는 것으로 정해졌다. 전기차 운전사는 젊은 중국인이었는데 커브길을 어찌나 급하게 몰아대는지 넘어지지 않으려고 의자를 꼭 잡고 기를 썼다. 운 좋게 입장료도 안 내고 단분구를 구경하였다. 작은 협곡에 아기자기한 풍경이 이채로웠다. 구경을 마친 다음 시내버스를 타고 곽량촌(郭亮村)으로 이동하였다. 이동하는 길에 유명한 산중턱의 바위를 뚫어 만든 터널길을 지나왔다. 절벽장랑(絶壁長廊)이라 부르는 이 길은 미국·일본 등의 매스콤에서 소개되어 유명해졌는데 세계 8대 불가사의라고 불린다고 한다. 그 단단한 바위 덩어리를 깎아내고 잘라내는 일을 13명의 장사(壯士)가 1972년부터 5년간 각고의 노력 끝에 1,250미터의 암석 터널을 완성하였다고 한다. 곽량촌은 경치가 좋아 수많은 화가들이 모여 든다고 한다. 우리 일행들은 여기저기 캔버스에 경치를 담느라 바쁜 화가들을 볼 수 있었다. 3년 전에 이곳에 왔던 J는 그때 찍은 사진을 인화해 가지고 와서 같은 장소에서 노점상을 하는 중국인에게 선물하였다. 뜻하지 않은 선물을 받은 그들의 환한 웃음을 보니 내 마음이 흐뭇하다. 저녁 식사 후 꼬치구이(양고기)와 맥주로 곽량촌의 밤을 즐겼다. 다음날 주변의 둘레길을 돌아보고 임주(林州)로 향했다. 마지막 방문지인 '태항대협곡(太行大峽谷)'을 가기 위함이다. 네 대의 빵차에 나눠 타고 시내 중심가에 있는 호텔에 오후 늦게 도착하였다.

아침 일찍 호텔을 출발하여 태항대협곡에 도착하니 벌써 관광객들이 많이 와 있는데 한국 사람들도 많았다. 대협곡은 도화곡(桃花谷)부터 시작된다. 도화곡은 한겨울에도 복숭아꽃이 피어난다는 곳인데 기암괴석과 물이 합작하여 이루어내는 협곡의 경치는 가히 비경이라 할만 했다. 아름다운 경치를 담아가려고 삼삼오오 사진 찍느라 모두들 바쁘다.

도화곡이 끝나가는 곳에 이르러 J가 우리를 안내한 곳은 일반 관광객이 다니지 않는 곳이었다. J는 중국통으로 중국어도 잘하고 사람들이 잘 다니지 않는 길을 개척하며 다닌다. 그가 3년 전에 왔을 때는 눈까지 있었다는 높은 폭포(도화담폭포)가 있는 곳이다. 폭포가 시작되는 산 위에는 출렁다리(구름다리)가 협곡 사이로 걸쳐 있다. 밑에서 보면 까마득하다. 나를 포함한 몇 명을 제외하고 대부분이 위험하기까지 한 잔도를 지나 구름다리에 갔다 왔다. 고소

공포증이 있는 두 명의 친구는 잔도를 지날 때 기어서 왔다고 고백하였다. 아마도 평생 잊지 못할 추억이 될 것이다.

점심을 먹고 태항산의 혼이라 불리는 왕상암(王相岩)으로 가기 위해 국립공원을 순행하는 전동차를 탔다. 도화곡에서 왕상암으로 이어지는 길을 태행천로(太行天路)라고 하는데 길이가 25㎞이다. 산허리를 끼고 도는 환상선으로 경치가 좋은 곳마다 정류장을 만들어 관광객들이 절경을 감상할 수 있도록 하였다. 이름도 근사한 몽환지곡(夢幻之谷), 릉운랑(凌云廊), 천경(天境), 평보청운유리잔도(平步青云琉璃栈道) 등이다. 전동차를 타고 가는 내내 파노라마처럼 펼쳐지는 거대한 협곡, 환상적인 바위절벽과 산봉우리는 몽환에 이르게 할 만했다. 협곡의 바닥이 훤히 내려다보이는 유리 스카이워크 전망대에서 느끼는 스릴도 빼놓을 수 없었다. 태행천로의 종점에서 왕상암으로 내려왔다. 왕상암 풍경구로 내려가는 길에 있는 나선형 계단을 타고 내려온 사람도 있고 짚라인을 타고 내려온 사람도 있다. 태항산대협곡의 마무리 산행으로 아주 좋은 코스였다. 왕상암 입구에서 단체사진을 찍는 것으로 우리의 태항산대협곡 관광뿐 아니라 태항산 트레킹 전체가 마무리 되었다. 모두들 흡족해 했고 무언가 이루었다는 성취감에 생기가 넘치는 표정이었다.

호도협에 가다

'꼬끼오' 하는 소리에 잠을 깨었다. 닭 울음소리에 잠을 깬 것이 얼마만인가. 이런 생각도 잠시였다. 불을 켜니 켜지지 않는다. 대문 바깥 저 멀리 있는 화장실에 가야하는데 아직 칠흑 같은 어둠이다. 하늘은 잔뜩 흐려 있어 달빛도 없고 앞산인 옥룡설산은 여명마저도 차단하였다. 같이 자던 친구를 깨워 랜턴을 빌렸다. 어렸을 적 시골에서 변소 가던 생각이 얼핏 스친다. 그때는 변소를 뒷간이라고도 불렀다. 어렸을 때 한밤중에 뒷간에 가려면 왜 그렇게 무서웠는지 모른다. 한번은 달빛도 없는 밤에 엉금엉금 뒷간에 가다가 기척에 후다닥 지나가는 고양이에 놀라 일도 못보고 방으로 돌아온 적도 있었다.

여기는 호도협(虎跳峽) 트레킹코스의 중간 지점인 차마객잔(茶馬客

棧 : 여관)이다. '虎跳峽(호도협)'은 글자 그대로 강폭이 아주 좁아져서 호랑이가 이쪽의 합파설산(哈巴雪山)쪽에서 옥룡설산(玉龍雪山)쪽으로 뛰어 넘었다는 전설이 있다. 합파설산이나 옥룡설산 모두 오천미터가 넘는 고산이니 깊을 수밖에 없다. 과연 걸어갈수록 강폭은 계속 좁아지고 강 건너편의 옥룡설산은 웅장한 자태를 조금씩 드러내고 있다.

벼르고 벼르던 중국 운남성 여행이었다. 친구의 권유도 있었지만 운남성에 대한 호기심 때문이었다. 이번 여행의 하이라이트는 세계에서 가장 깊은 협곡인 호도협(虎跳峽) 트레킹이었다. 유네스코 지정 문화유산 도시인 리장(麗江)을 아침 일찍 떠나 호도협으로 향했다. 버스 안에서 뉴질랜드의 밀포드 트레킹코스와 페루의 마추피추와 함께 세계 3대 트레킹코스라고 가이드는 강조하면서 힘든 코스이니만큼 말을 타고 갈 것을 권유하였다. 가이드가 마부의 대장격인 마장을 소개하는데 그가 낯이 익었다. 가이드는 마장이 MBC의 차마고도(茶馬古道) 프로그램에 나왔었다고 소개했다. 말을 타는 비용은 출발점에서부터 점심 먹는 휴게소까지 4시간 정도 타면 140위안(25,000원)이고 평탄한 코스 2시간을 걷고 점심 먹은 다음에 산을 올라가는 코스를 타면 100위안이라고 한다. 일행 중에 말을 타는 사람은 친구 부부를 비롯해 다섯 명에 불과했다. 나는 끝까지 완주하기로 마음을 먹었다. 설악산과 지리산을 종주했는데 이 정도는 할 수 있을 것 같았기 때문이다.

호도협 객잔에 걸린 옥수수

리장에서 출발하여 두 시간 정도 되어 트레킹이 시작되는 챠오토우라는 마을에 도착하였다. 말을 타고 갈 사람들을 위한 말들이 여기저기 대기하고 있었다. 나는 몇 사람과 같이 저 아래 보이는 금사강(金沙江)과 저 위로 보이는 산자락 풍경을 감상하며 걷기 시작했다. 금사강은 양자강의 상류인데 벌써부터 강의 색깔이 흙탕물인 것이 이채로웠다. 리장에서 잘 안 보이던 서구 사람들이 여기저기 보였다. 내 앞에 가던 여자에게 말을 걸었다. 그녀는 네덜란드에서 왔다고 했다. 학교를 갓 졸업하고 취직도 해놓은 상태여서 짬을 내 남자 동창생 두 명과 같이 한 달 동안 여행 중이라 했다. 날씨는 적당한 기온에 바람도 없고 하늘에는 구름이 간간이 끼어 있어 트레킹하기에는 최적의 조건이었다.

뒤따라오던 우리 일행과 만났다. 여고 동창생이라는 4명의 아줌마는 여행 처음부터 결속력과 끈질김으로 인해 우리들의 주목을 받아왔다. 나는 "말은 안 타실 거예요?" 하고 물었다. 그들은 "우리는 끝까지 완주할 겁니다." 하고 단호하게 말했다. 내년에 고희를 맞이한다는 그들은 북한산 둘레길, 제주도 올레길을 다 섭렵하고 지리산 둘레길은 반 정도 돌았다고 자랑이 대단하다. 어느새 우리는 점심식사가 예정된 나시객잔(納西客棧)에 도착하였다. 점심은 볶음밥이었다. 커피를 마시고 있으니 옆에 있는 노부부가 식사를 하고 있다. 그들에게 인사하니 스위스에서 왔다고 한다. 내가 융프라우에 다녀온 얘기를 하니 여간 반가워하는 게 아니었다. 그들은 이곳 호도협이 스위스의 경치와는 색다른 맛과 멋이 있어서 좋다고 했다. 여기서부터는 길이 가파르고 밥 먹은 다음이라 힘든 코스라고 가이드는 말하면서 말을 탈 사람은 여분의 말이 있으니 타라고 했다. 친구 중의 한 명이 타겠단다. 힘들어서기보다는 호도협에서 별난 경험을 하기 위해서란다.

오늘 저녁에 잠을 잘 숙소인 차마객잔(茶馬客棧)까지는 5시간 정도 걸릴 것으로 예상된다고 한다. 힘차게 출발을 하였으나 역시 힘들었다. 길을 따라 말들이 싸 놓은 마분을 피해가야 하는 것도 조금 더 힘들게 만들었다. 그러나 시간이 지남에 따라 색깔을 달리하는 신비한 모습을 보여주는 옥룡설산과 협곡에서 흐르는 강물이 부서지는 소리를 들으며 트레킹을 하는 것은 무엇과도 견줄 수 없었다.

말을 타고 가던 친구의 '악'소리를 들은 건 얼마 되지 않아서였다. 알고 보니 모퉁이를 돌아야 하는 말이 천길낭떠러지가 있는 곳으로 전진하니 친구가 놀란 건 당연했다. 그 말은 길을 꿰뚫고 있어 거구의 말이 회전반경을 만들려면 그렇게 가야만 하는 곳이었다. 뒤에서 마부들이 킬킬대며 웃는 모습과 놀란 얼굴의 친구와 대조되었다.

한 시간 정도 가서 쉬고 있는데 네덜란드 처녀와 두 명의 키가 큰 청년이 같이 오고 있었다. 그들이 좀 힘들어 하는 것 같아 나도 모르게 "화이팅!" 하고 그들에게 말했다. 그랬더니 그들은 무슨 뜻인지 몰라 의아해하는 표정으로 나를 쳐다보았다. 그러자 옆에 있던 한 친구가 "야, 너 저 사람들 보고 싸우자고 한 거야. 그러니 저 사람들이 조그만 동양인이 싸우자고 하니 가소로워서 쳐다보는 거야."라고 말하면서 미국에서는 파이팅이라는 말을 쓰지 않는다고 덧붙였다. 나는 아차 싶었다. 그들과 같이 가면서 그 뜻을 한참 설명했고 그게 계기가 되어 친해지게 되었다.

몇 번씩 쉬어가며 마침내 정상에 도달했다. 2,700미터라고 하니 고도로 치면 백두산 정상 정도 되는 높이다. 설산과 협곡이 어우러진 경치는 장관이었다. 저 아래 호도협에서 용맹한 호랑이가 뛰어넘을 준비를 하고 있을 것 같다. 말을 타고 먼저 도착한 우리 일행이 쉬고 있다. 그중에는 70대 초반의 아저씨도 있었다. 나는 "선생님, 말 타는 것은 괜찮으셨어요?" 하고 물었다. 그는 "궁둥이가 뻐근해. 말 타는 것도 쉽지 않구먼. 근데 3시간 정도 내려가야 한다는데 걱정이네." 하면서 사진 한 장 찍어달라고 부탁한다. 그는 전직 신문기자로 작년에 설암 수술을 받고 이번 여행길에 나선 것이라 했다. 얼마나 오고 싶었으면 체력을 보강하려고 일주일에 두 번씩 남한산성에 오르내렸다고 한다. 80년대 말에 암에 걸린 부인을 살리려고 강남의 아파트 두 채와 퇴직금을 다 썼다고 한다. 가슴 아픈 이야기였다.

숙소인 차마객잔으로 출발했다. 마침 말동무를 만났다. 호주에서 온 낸시는 치과에서 일하는 간호사였고 케이티는 회계사라고 하였다. 낸시는 서울에도 친구가 있고 멜보른의 한국 식당에서 김치도 자주 먹는다고 한다. 두어 시간을 잡담하면서 걸으니 어느새 숙소인 차마객잔에 도착했다. 벌써 사람들로 왁자지껄하다. 마당에는 벽 전체에 걸어서 말리고 있는 샛노란 옥수수가 분위기를 밝게 해주는 것 같다. 숙소를 배정받아 들어가 보니 사각형 시멘트벽으로 된 곳에 밋밋한 두 개의 침대만이 덜렁 놓여 있다. 이 객잔의 여주인은 나시족인데 한국 사람들의 식성까지 파악해 김치도 만든다고 한다. 오늘의 저녁은 토종닭으로 만든 삼계탕이다. 가이드가 만든 김치찌개와 곁들여 먹은 삼계탕은 별미였다. 피곤한 상태에서 반주로 마신 맥주가 졸음을 재촉하였다. 침대에 눕자마자 곯아떨어졌다.

다음날 아침을 먹기 전에 만난 네덜란드 친구에게 지난밤의 일을 생각하며 우리는 지금 석기시대에 살고 있다고 말하자, 그는 지금 다른 행성에 온 것 같다고 말했다. 그들의 나라에는 높은 산은 커녕 기껏해야 야트막한 언덕만이 있을 뿐이니 이곳의 풍경은 그들에게 별세계임에는 틀림없으리라. 그들은 성취 리스트에 항목 하나 늘렸고 나는 버킷 리스트에서 항목 하나 지우는데 성공했다.

3.

취미 생활

게티미술관

10월 중순의 로스앤젤레스의 날씨는 30도를 웃도는 기온이라 마치 여름날 같다. 더운 날씨는 낮에 걸어 다녀야만 하는 자유 여행객에게는 적지 않은 불편함을 안긴다. 이곳에 온 후 첫 주말에 게티미술관을 보기로 하였다. 호스텔 직원이 말해준 대로 아침 일찍 숙소 근처에서 2번 버스를 탔다. 힐가드에서 734번 버스로 갈아타면 된다고 했다. 버스에는 서울처럼 노선이 표시된 노선도도 없고 다음 정거장만 알려주는 안내방송에 온 신경을 곤두세우고 있느라 주변 환경도 눈에 들어오지 않았다. 결국에는 운전기사에게 부탁해 환승역인 힐가드에서 내릴 수 있었다. 그곳은 한적한 곳이었고 정거장을 둘러보니 바로 옆에 UCLA정문이 있었고 학생들만 오갔다. 반시간을 기다렸는데도 버스는 오지 않았다. 좀 이상하다 싶어 버스안내판을 자세히 들여다보니 734번은 주말에 운행하지 않는다고 쓰여 있다. 순간 당황했으나 234번 버스도 게티센터에 간다고 되어 있다. 다행이라고 생각하고 20여 분을 기다렸으나 오지 않았다. 무언가 잘못된 것 같아 다운타운으로 걸어가 버스 정류장에서 한참을 기다려 미술관에 가는 버스를 탈 수 있었다.

미술관 입구에서 트램을 타고 언덕에 오르니 웅장한 건물이 눈앞에 나타났다. 세계적인 건축가 리챠드 마이어의 설계로 건립에 14년이 걸린 '게티센터'의 우아하고 고전적 모더니즘이 돋보이는 모습은 21세기를 대표하는 건축물의 하나라고 부르는 이유를 알 것 같다. 설계자는 모든 건축물에 자연의 곡선미와 도시의 격자무늬를 형상화 시켰다. 건물의 우아한 베이지색 빛깔의 돌은 이탈리아에서 가져온 석회암이다. 돌에는 나뭇잎, 깃털, 나뭇가지 등의 장식이 되어있어 미술관의 품격을 올려 주고 있다. 브렌우드 언덕의 정상에 자리 잡은 게티미술관은 고대 그리스, 로마 미술부터 중세 미술, 유럽 근대 미술까지 방대한 작품을 소장하고 있다. 유명한 고흐의 '아이리스'를 비롯한 세잔, 모네의 걸작품들이 즐비하다. 그렇게 방대하고 값어치를 매길 수 없는 많은 미술품을 전시함에도 모든 사람이 무료로 관람하게 하니 노블레스 오블리제의 전형을 보는 것 같다. 게티센터의 소장품 못지않은 작품들이 산타모니카의 '게티빌라'라는 미술관에 전시되고 있다하니 게티의 미술작품에 대한 감식안과 열정에 놀라지 않을 수 없다. 30대에 거부를 쌓고 이후부터 미술품을 수집하러 세계를 돌아다닌 폴 게티는 세상 사람들에게 귀중한 인류의 문화유산을 물려준 셈이다.

'아이리스'가 있는 전시관에 들어가니 많은 사람들이 그림 앞에 둘러서 있다. 나도 그중의 한 사람이 되어 이어폰으로 설명을 들어가며 그림을 보았다. '아이리스'는 1987년 당시 회화 중 최고가인 5,390만 달러에 매매되어 게티미술관의 품에 안겼다. 고흐가 해바라기 다음으로 자주 그렸던 꽃은 붓꽃이었다.

짙푸른 보라색으로 섬세하게 그려진 붓꽃(아이리스)의 강렬한 색채가 인상적이다. 그림 속의 붓꽃들은 대각선으로 비스듬히 위치해 녹색과 보라색이 우아한 대조를 이루고 있다. 왼쪽의 흰 붓꽃 한 송이는 강렬한 보라색의 다른 꽃들과 잘 어울린다. 고흐는 그림에서 천재성을 발휘했지만 불같은 성질에 말투도 퉁명스러워 주위 사람들과 잘 어울리지 못 했다고 한다. 물감 살 돈조차 없어 동생에게 부탁할 정도였으니 얼마나 힘들고 고독했었을까. 프랑스 남부의 한 정신병원에 입원해 있는 그에게 입구 화단에 보이는 붓꽃은 한 줄기의 빛이었다. 붓꽃은 보라색의 우아하고 매력적인 꽃이면서도 메마른 땅에서도 잘 자라는 강인함도 가지고 있다. 붓꽃은 고흐에게 안식과 평안함을 주는 존재였을 것이다.

게티센터에서 피곤한 몸을 이끌고 숙소에 들어오니 새로운 룸메이트가 나를 반기었다. 며칠 동안 있었던 브라질 친구들과 스위스인은 가고 새로 들어온 룸메이트들이었다. 호주에서 온 부부, 사우스 캐롤라이나에서 온 여대생, 그리고 젊은 독일 여자였다. 40대의 호주부부는 주로 캠핑을 한다고 한다. 2주여 기간 캘리포니아 동부에서 캠핑여행을 하고 다음 여행지인 멕시코로 가기 위해 일박하는 거라고 했다. 이번 여행 기간이 6개월이라고 말하는 그에게 그렇게 오래 여행하면 일하는 방법을 잊어버리는 거 아니냐고 하니 그는 여행이 본업이라고 눙치었다.

건축을 전공하는 미국 여대생은 그랜드 캐년을 보러왔다고 한다. 독일에서 온 아가씨와 악수를 할 때는 남자와 악수를 하는 것 같이 힘이 있다. 그녀는 혼자서 캠핑카를 빌려 캘리포니아 서부의 국립공원과 유명한 곳을 다닐 거란다. 저녁 식사 후에 또 다른 투숙객이 들어왔는데 런던에서 온 젊은 여자였다. 그녀는 가냘픈 몸매인데 몸에 문신을 많이 했다. 친구가 해주었다고 하며 요즘 문신이 유행이라고 궁금해 하는 나에게 설명을 해주었다. 하여간 그날 밤은 남자 두 명에 여자 네 명이 한방에서 자게 되었다.

미국의 문화를 제대로 체험한 하루였다.

사운드 오브 뮤직 투어

뮌헨에서 기차를 타고 잘츠부르크에 도착해 역에 내리자 갑자기 이상한 느낌이 들었다. 예전엔 처음 도착하면 호기심이 발동하고 낯설음을 즐기는 그런 마음이었는데, 이번엔 갑자기 외로움이 느껴졌다. 어느 영화에서 주인공이 아무 연고 없는 곳에 혼자 외톨이가 되어 주위를 둘러보는 장면이 생각났다. 작은 도시라 생각했는데 생각보다 복잡하고 사람들이 많아서 그랬는지, 하여튼 생소한 곳에 나 혼자 내팽개쳐진 것 같은 고독감이 엄습했다. 아마도 여행은 이런 고독한 것에 익숙해지기 위한 것인지도 모른다. 이제 고독과 친해져야 되는 시기인지도 모르겠다.

잘츠부르크는 소금의 도시였다. 잘츠는 소금이라는 뜻이다. 인근의 광산에서 나오는 소금은 700여 년 간 유럽 전역에 공급되었고 막대한 부를 창출했다. 그래서 이 도시는 오스트리아 황제의 보물창고라 불리기도 했다. 잘츠부르크 첫날에는 시내 관광을 했다. 모차르트의 도시답게 예술감이 물씬 풍기는 거리를 걸으며 모차르트의 생가를 찾았다. 그가 태어난 노란색 건물 앞에는 기념사진 찍는 사람들로 북적였다. 거리의 상점에는 모차르트 초콜릿과 악보, 옷 가방 등 그와 관련된 것들이 상품화 되어 있어 어디를 가나 모차르트의 환영이 어른거렸다.

둘째 날 '사운드 오브 뮤직' 투어를 하는 날이다. 잘츠부르크에는 비가 많이 온다고 한다. 오늘도 비가 오고 있다. 비가 오는 날에는 박물관에 가는 것이 제격인데 투어 예약을 해놓았으니 어쩔 수가 없다. 8시가 넘었는데도 미국에서 온 청년과 캐나다 알버타에서 온 두 여학생은 세상모르고 잠을 자고 있다. 그들을 깨울까봐 조심조심 짐을 들고 호스텔에서 나왔다. 숙소까지 나를 태우러 온 차를 타고 파노라마 관광버스가 있는 곳으로 갔다. 버스를 타니 사운드 오브 뮤직 영화음악이 흘러나오고 있고 좌석은 관광객들로 거의 차 있다. 내 앞에는 효도여행인지 노부모를 모시고 아이들과 함께 온 인도인들이 자리 잡고 있다. 3대가 같이 여행하는 것은 쉽지 않은 일인데 보기에 좋았다. 조금 있으니 한 부부가 탔는데 자리가 거의 만석이어서 둘이 앉을 자리가 없었다. 내 옆에 남편이 앉았고 그 옆에 부인이 자리 잡았다. 그들은 호주에서 왔는데 인상 좋게 생긴 미남형의 아저씨는 그들이 사는 멜버른에 대한 자랑이 대단하다.

몇 년 안에 시드니를 추월해 호주의 최대 도시가 될 거란다. 사운드 오브 뮤직을 언제 보았느냐고 물었더니 오래되어 기억이 잘 나지 않는다고 했다.

영화에서 마리아와 아이들이 '도레미 송'을 불렀던 미라벨정원 근처에서 관광버스는 출발하였다. 미라벨정원은 온통 꽃밭으로 매우 아름다운 정원인데 여기에도 사연이 깃들어 있다. 잘츠부르크를 통치하던 볼프 디트리히 주교가 살로메라는 여인을 사랑하여 이 정원과 건물을 지었다고 한다. 하지만 이룰 수 없었던 사랑으로 그는 감옥에서 최후를 맞이했다고 한다.

가이드는 아주 유쾌한 여자였는데 플로리다에서 20년을 살아서 그런지 유창한 영어를 구사했다. 그녀는 영화에 대한 해박한 지식과 함께 투어 내내 적절한 유머를 섞어 가며 재미있게 말해주어 지루한 줄을 몰랐다. 특히 영화의 뒷얘기를 듣는 것이 흥미로웠다. 무릇 어느 것이나 표면에 나오는 것보다 시시콜콜한 뒷얘기가 재미있는 법이다.

이 영화는 브로드웨이에서 뮤지컬로 성공을 거두자 65년도에 로버트 와이즈 감독이 쥴리 앤드루스를 주연으로 내세워 독창적인 뮤지컬 영화로 만들어 대성공을 거두었다. 아름다운 영상미와 수많은 명곡, 그리고 뛰어난 연출과 스토리로 사람들의 사랑을 받는 명작이다. 이후로 잘츠부르크에는 엄청난 관광객이 몰려들기 시작했다고 한다. 그 열기가 지금까지도 이어지고 있다.

이 영화는 실제 이야기를 소재로 한 것인데 폰트랍 대령은 귀족 출신으로 남작의 작위를 갖고 오스트리아 해군 대령으로 복무했다. 지금도 그의 저택은 남아 있는데 실제 촬영은 다른 집에서 했다고 한다. 마리아가 처음부터 일곱 아이들의 가정교사는 아니었고, 허약하여 학교를 못가는 막내를 돌보다가 결국에는 일곱 아이들을 모두 돌보게 된다. 마리아가 수녀원에 돌아가는 장면이 나오는데 실제로는 아니었다고 한다. 폰트랍 대령과의 결혼은 아이들이 재촉하여서 이루어졌다고 한다. 아이들이 아버지에게 물으니 마리아가 자기를 좋아하는지 모르겠다고 말하자 마리아에게 아버지를 좋아한다는 것을 확인하고 그의 결심을 이끌어 냈다. 아이들이 중매쟁이 역할을 한 것이다.

투어를 하는 동안 영화가 촬영된 대부분의 장소를 보았다. 폰트랍 대령의 집, 리슬과 롤프가 'I am 16 going on 17'을 불렀던 정자, 폰트랍과 마리아가 결혼식을 올렸던 '몬트제'의 교회, 아이들이 노래 부르다 보트가 뒤집혀 빠진 호수 등이다. 전날 저녁에 숙소에서 상영해 준 사운드 오브 뮤직 덕분에 촬영 장소를 갈 때마다 그 장면이 생생하게 다가왔다. 마지막에 나치를 피해 알프스산맥을 넘어 스위스로 가는 장면이 나오는데, 실제로는 이태리로 가서 기차를 타고 영국으로 갔다고 한다. 영국에서 다시 미국으로 건너가 연주 여행으로 크게 성공하였다. 전후에는 오스트리아로 다시 돌아와 살았다. 폰트랍과 마리아 사이에 낳은 아들은 미국에서 폰트랍 맥주 회사를 경영하고 있다고 한다. 폰트랍은 1947년 64세로 죽었지만 마리아는 그 후 40년을 더 살았다.

4시간여의 투어를 끝내고 돌아와 미라벨정원에서 마리아와 아이들이 부른 '도레미송'을 가이드의 선창으로 따라 부르는 것으로 대미를 맺었다. 사운드 오브 뮤직 영화 한 편을 다시 보고 난 느낌이었다. 친숙했던 영화에 대한 투어로 잘츠부르크가 전부터 잘 알고 있었던 도시같이 느껴지기도 했다.

선 행

집을 나서니 대문 앞에서 따사로운 봄볕을 쬐고 있는 앞집의 강아지가 꼬리를 흔든다. 오늘은 당뇨 정기 검진을 위해 병원에 가는 날이다. 건대입구역에서 내려 K대 병원에 도착하니 많은 환자들이 대기하고 있다. 나는 진료를 기다리며 당뇨와 관련이 있는 월간지를 골라 읽었다. 거기에는 그 잡지의 이달의 인물로 선정된 환자의 인터뷰기사가 있었다. 인물사진이 낯설지 않았다. 덥수룩한 구렛나루를 깔끔하게 면도하여 겉모습은 변했으나 지금 사는 곳이 제천이라니 그 사람이 틀림없다. 작년 늦가을의 아름다운 충주 호반과 고즈넉이 자리 잡은 병원 그리고 그곳에 있던 사람들이 오버랩 되면서 그에 대한 기억이 머릿속에 생생히 다가왔다.

작년 11월 초 늦은 가을이었다. 서울에서 차를 몰고 내비게이션에 의지해 K대 충주 병원의 당뇨전문센터를 찾아갔다. 나의 당뇨는 내과에서 처방해주는 약으로는 한계에 도달한 것 같았고 무릎이 아파 운동을 제대로 못하니 당 조절이 잘 안 되는 상태였다. 신문에서 본 인슐린 펌프 치료법이 나의 당뇨 치료에 적합할 것으로 판단하여 결단을 내렸던 것이다.

폐교를 인수해서 고친 병원은 산속에 위치해 외부에서는 잘 보이지도 않았다. 입원에 필요한 절차를 밟고 간호사실에서 가까운 병실에 배정되었다. 그 방에는 70대 후반의 아저씨와 30대 중반의 젊은 환자가 있었다. 아저씨는 7, 8년 전에도 입원했었는데 그 후 관리를 소홀히 한 탓에 당뇨가 악화되어 입원한 것이고, 젊은이는 당뇨가 아주 심하고 투석까지 할 정도가 되어 마지막 희망으로 입원했단다.

입원 환자 수는 40여 명 되는 것 같았다. 특이한 것은 대부분의 환자들이 밝은 표정을 하고 있는 것이다. 다른 데서 치료를 받다가 온 사람들이 대부분인데 이곳 치료법이 맘에 들고 무엇보다 먹고 싶은 것을 맘대로 먹을 수가 있으니까 기쁠 수밖에 없다. 당뇨 환자가 먹고 싶은 것을 맘대로 먹을 수 있다는 것은 생각하기 힘든 일이었다. 그들에게는 천국이나 다름없다.

50대 후반의 한 환자는 당뇨로 인하여 다리를 절단하게 되었다고 한다. 실의에 빠져있는 그에게 딸이 수소문하여 다리를 절단 하지 않고 치료할 수 있다는 이곳에 입원시켰다는 것이다. 그는 6개월 만에 다리가 거의 정상으로 돌아와 이제는 목발 없이도 걸어 다닐 수 있다고 입가의 미소가 떠나질 않았다.

내가 입원하고 나서 3일째 되는 날 오후였다. 매우 소란스럽고 떠들썩하여 나가 보니 어느 입원실에서 나는 소리였다. 그곳에 가 보니 식당에서 본 적이 있는 아저씨가 불편한 몸을 움직이며 마구 소리 지르는 것이었다. 옆에는 구레나룻이 덥수룩한 아저씨가 그 환자를 부축하며 진정시키고 있었다. 병실 밖에는 부인인 듯한 여자가 울며 앉아 있었다. 조금 있어 간호사가 와서 환자에게 진정제를 놓아주어 사태는 수습되었다. 나는 구렛나루 아저씨에게 물었다. "어떻게 된 거예요?" 그는 "저 아저씨가 당뇨환자이면서 파킨슨병을 앓고 있어요. 파킨슨병이 발작하면 저렇게 소리 지르고 발작 비슷하게 되나 봐요. 병수발을 하고 있는 부인을 밀치고 소리 지르니 부인은 힘에 부치고 서러우니까 저렇게 울곤 하지요. 참 안 됐어요." 신경계통의 이상으로 손과 팔의 떨림이나 경직 등이 생기는 병이다. 파킨슨병을 앓고 있는 무하마드 알리가 떠올랐다. 지난 런던 올림픽 개막식 때 휠체어를 타고 나왔었다.

나는 그에게 커피 한 잔 하자고 내 방으로 데리고 갔다. 그는 제천에서 고물상을 하며 당뇨는 7년 정도 되었다고 하였다. 몇 년 동안 서울의 큰 병원에 다녔지만 호전되지 않아 이곳에 왔는데, 이제는 당뇨가 정상적인 수치로 안정되었고 완치될 수 있다는 희망에 너무 기쁘다고 말했다. 한번은 그와 같이 병원을 나서서 충주호반을 따라 산책길에 나선 적이 있는데, 길옆에 위치한 밭에서 김장용

채소인 배추나 무 등을 거두고 있는 장면을 보게 되었다. 나는 저 배추 좀 사다가 저녁에 쌈해 먹으면 얼마나 좋을까 하고 혼잣말을 하였다. 내 말을 듣자마자 그는 나를 끌고 밭으로 내려갔다. 그는 "선생님, 안녕하세요. 우리는 요 앞에 병원에 입원해 있는데 밥맛이 없어 그 맛있게 생긴 배추 좀 얻었으면 하는데요."라고 일하는 사람에게 말하였다. 그들은 충주시내에서 사는데 말하자면 주말농장을 하는 사람들이었다. 하여간 그의 넉살좋은 말 한마디에 배추 두 포기를 얻어 그날 저녁 환자 모두가 포식을 하였다.

그 다음날 그는 충주시장에 가자고 하였다. 그러잖아도 심심하던 차에 잘되었다고 기꺼이 응하였다. 차를 타고 충주시장에 가는데 그의 전화벨 소리는 끊이질 않았다. 주로 고객이었다. 그가 고물상을 한다고 해서 그저 그러려니 했는데 그의 말을 들어보니 상당한 규모의 비즈니스였다. 제천 인근의 공장을 재보수하거나 철거 시에 도급을 받아 거기서 나오는 철근이나 폐자재를 다시 매매한다는 것이었다. 우리는 차를 천변 주차장에 주차시키고 충주시장으로 향하였다. 시장은 사과, 배, 감 등 가을의 풍성한 수확물과 월동 준비를 위한 상품들로 활기가 가득한 모습이었다.

시장 입구를 조금 지나자 이동식 리어카에 장갑을 비롯한 겨울 용품이 보였다. 나는 몇 년간 쓰던 겨울용 막 장갑이 다 헤어져 하나 사야 되겠다는 생각이 났다. 가격을 물으니 팔천 원부터 만오천 원까지 세 가지가 있었고 나는 품질을 비교해서 만이천 원짜리로 결정하였다. 돈을 지불하고 장갑을 받았을 때 그가 가게주인에게 팔천 원짜리 장갑을 하나 달라는 것이었다. 나는 "아니, 최사장님, 사려면 좀 좋은 것 사시지 제일 싼 것으로 삽니까?"하고 의아해서 물었다. 그는 "왜, 병원에 혼자서 흙도 파고 화단도 정리하고 여러 가지 잡일을 하시는 아저씨가 있잖아요. 그분이 장갑이 없는 것 같더라고요." 하고 말하는 것이었다. 그는 같이 시장을 걸으면서 그동안 식당 아줌마들에게도 필요한 것을 사주었다고 하면서 어려운 사람들을 보면 그냥 지나치지 못한다고 하였다. 겉모습은 털을 깎지 않아서 인상이 터프하게 보이고 힘깨나 쓰는 어깨로 보이는데 마음 씀씀이는 아주 딴판이었다.

시장을 한 바퀴 돌면서 이것저것 구경하는 재미가 쏠쏠했다. 흥정하는 모습이며 덤을 달라고 사정하는 아줌마의 모습이며 좀처럼 보기 힘든 생생한 삶의 현장이었다. 최사장은 간호사에게 줄 거라며 과자와 사탕을 샀고 시장을 나가려고 아까 들어왔던 곳으로 방향을 잡았다. 얼마 안가 장갑을 샀던 가게까지 왔을 때였다. 그가 장갑 파는 곳에 가더니 아까 샀던 장갑을 꺼내더니 내가 샀던 만이천 원짜리로 바꿔 달라며 사천 원을 내미는 것이었다. 그러면서 하는 말이 "글쎄 사람 맘이 묘한 것 같아요. 원래 팔천 원짜리 장갑을 사려고 했는데, 시장통을 돌아다니는데 마음이 좀 켕기는 느낌이 있어서…." 나는 "최사장님의 그 착한 마음씨는 당대에 큰 복을 가져다 줄 겁니다."라고 말했다. 그는 환한 미소로 화답했다.

수담예찬(手談禮讚)

소통은 보통 말과 글로 주로 하나 귀에 장애를 가진 사람은 수화(手話)로 한다. 바둑에서는 수담(手談)이라 한다. 수담은 말 없는 대화다. 다른 대화와 다른 점은 대답을 하기 전에 생각하는 시간이 좀 길다. 또한 수담에서의 대화는 화기애애한 분위기는 드물다. 비틀기도 하고 변칙적인 수를 두어 상대방을 혼란에 빠지게도 한다. 그래서 대화는 서로 수준이 맞아야 재미가 있다. 말없는 대화가 아주 진지하게 이루어지고 대화의 수준이 높아 서로 간에 공방이 치열하게 전개되어 끝나면 우리는 이를 명국이라 한다.

바둑은 참 재미있다. 오죽하면 백제의 왕 개로왕은 고구려의 첩자역할을 한 도림 승려와 바둑에 빠져 국정을 팽개치기까지 했을까. 나도 중3때 바둑을 배웠는데 바둑 두는 재미에 빠져 하마터면 고등학교 입학시험에 떨어질 뻔했다.

바둑의 매력은 변화에 있다. 가로 19줄 세로 19줄로 그어진 단순하기 짝이 없는 바둑판에서 벌어지는 천변만화(千變萬化)는 오묘한 세계로 이끈다. 한판의 바둑을 두노라면 예기치 않은 순간에 예기치 않은 변화를 만나게 되고 그때마다 치열하게 고민하고 선택해야 한다. 유리하다고 생각했는데 지는 경우도 왕왕 있다. 그래서 한판의 바둑은 인생의 축소판이라고 부르기도 한다. 북송의 시인 소동파는 "인간사란 그저 한 판의 바둑일 뿐."이란 명구를 남겼다. 정조 임금도 바둑을 좋아했던 모양이다. 다음의 그가 지은 시를 보면 알 수 있다.

회색 자리 붉은 주렴 위로 내리는
저녁 으스름
텅텅 바둑돌 소리 은자의 세계
높은 누각에 머무는 손님
꽃 그림자 한가한데
세상사 승패 다투는 일
한판의 바둑일세

바둑 두는 사람은 사령관이 되어 전술과 전력을 적절히 잘 구사해야 한다. 바둑돌 하나하나는 병사이고 병사를 최적의 곳에 배치하고 전투에 임해야 한다. 위기를 만나거나 효용 가치가 떨어진 돌은 읍참마속(泣斬馬謖)의 결단을 발휘해 버려야 한다. 바둑은 국가 경영이나 회사의 경영과도 비유되곤 한다. 중국 국가주석 시진핑은 베이징대를 방문해 학생들의 대국을 관전했다. 한 학생의 매우 공세적인 행마를 본 뒤 "중국 외교가 이 학생을 배웠으면 한다."고 말했다고 한다. 그도 바둑을 두며 치국의 도리를 배웠다고 한다.

바둑에서는 미생(未生)의 말을 잘 챙겨야 한다. 상대는 항상 미생인 말을 공격 대상으로 잡아 노리게 마련이다. 미생인 말을 죽지 않게만 하면 의미가 없다. 쌈지뜨고 산다고 하는데 이렇게 되면 상대의 바둑은 두터워지고 형세는 비세가 되기 일쑤이다. 가끔은 아주 큰 대마가 미생일 때가 있다. 대마불사라 해서 여간 해서는 죽지 않지만 가끔 대마가 미생이라는 것을 모르는 수가 있다. 그렇게 되면 당사자도 모르는 사이에 바둑이 끝난다. 대기업이 갑자기 망하는 수가 있다. 경영자가 회사가 미생인 것을 모르고 경영했기 때문이다. 우리 인생도 미생에서 완생(完生)으로 가는 길을 걷는 과정이 아닌가 생각할 때가 있다.

위기십결(圍棋十訣)은 바둑을 잘 두기 위한 10가지의 교훈을 말하는데 오늘날까지 바둑인들에게 금과옥조로 여겨진다. 이중에 첫 번째가 부득탐승(不得貪勝)이다. 바둑 둘 때 이기고자 집착하면 승리가 멀어진다는 의미이다. 어느 게임이고 이기기 위해 최선을 다하는 것인데 어찌 승리를 탐하지 말라는 것인가. 그러나 이기려는 마음이 지나치게 강하면 욕심이 앞서 판단력이 흐려지고 바둑을 그르치게 된다. 나같이 싸움을 좋아하여 상대방의 말을 잡는 것에 희열을 느끼는 사람에게는 어려운 득도의 경지라고나 해야 할까. 기성 오청원은 바둑은 '조화'라고 설파했다. 조화 속에서 균형 있는 바둑을 두어야 한다는 것이다. 지고이기는 것은 조화 있게 둔 바둑의 결과일 뿐이라는 것이다.

지난 몇 달 동안 인공지능 알파고와 이세돌 선수와의 바둑 대결이 세기의 화제가 되었다. 알파고와 인간의 대결은 세기의 드라마였고 역사적 사건으로 기록될 것이다. 5번의 대결 중 한 판을 인간이 이겨 체면치레는 했으나 앞으로는 계속 진화하는 인공지능을 따라가지 못할 것이다. 경우의 수가 너무 많을 뿐만 아니라 바둑에서만이 고려되는 두터움이나 직관 등이 컴퓨터가 따라오려면 앞으로 상당한 시간이 걸릴 것이라는 일반적인 예측을 단번에 허물어뜨렸다. 해설하는 프로기사들도 알파고가 두는 수를 두고 실수라고 했던 것이 나중에 보니 신수라는 것으로 판명되었다. 이것은 알파고가 수많은 기보를 외우는데 그치지 않고 생각하는 면모를 보여준 점에서 획기적인 일이었다. 구글이 인수한 인공지능 개발업체 딥마인드(Deep Mind)에서 개발한 알파고 프로그램은 기존의 인공지능과 차별화된 것이었다. 경기에서 알파고가 5선에서 어깨를 짚었다. 프로기사들은 책에 없는 수라고 했다. 통상 바둑에서 3선은 실리

선, 4선은 세력선이라 불린다. 보통 4선에 집을 짓게끔 하는 것은 금기사항이었다. 세계 최고의 기사에게 4선 집짓기를 허용한 꼴이었다. 기존 상식으로 설명할 수 없는 수를 구사했다. 부분 전투가 벌어질 때마다 승전보를 올릴 건 이 9단이었지만 안개가 걷힌 후 국면을 따져보면 균형을 이루거나 미세하나마 알파고의 우세였다. 바둑만의 전유물처럼 존재했던 기세·승부호흡·판단력 등 인간의 직관력을 알파고가 수학적 능력으로 무너뜨리는 순간이었다.

인공지능이 인간을 이겼다고 해서 바둑이 재미없어졌다고 말할 수는 없을 것이다. 1996년 IBM이 개발한 딥블루가 당시 체스 세계챔피언 개리 카스파로프를 물리쳤다. 이후 사람들은 체스를 그만두지 않고 여전히 즐겼으며 체스의 기술은 그전보다 나아졌다. 앞으로 바둑도 체스와 마찬가지로 더욱 발전하여 갈 것이다. 사람이 기계 같은 바둑을 둘 수는 없다. 기계에 없는 감정이 있기 때문이다. 사람은 계산력이 닿지 않는 곳에선 직관과 감정에 기댈 수밖에 없다. 세상이 온통 디지털화되어 있어 감성이 메말라 가고 있는 시대에 직관과 감정이 필요한 바둑은 사람을 사람답게 만드는 것일지도 모른다.

어느 아침의 탁구장 풍경

오늘도 나는 아침에 집을 나서서 금호에 있는 체육관으로 발걸음을 옮겼다. 체육관 문을 열고 들어서니 모두들 탁구 치느라 여념이 없다. 여기저기서 유쾌한 웃음소리가 들리고 어디서는 무언가를 가지고 따지는 모습도 보인다. 1월의 한겨울이지만 바깥의 추위가 무색할 정도로 탁구장 안은 동호인들의 열기로 가득 차 있다. 저만치에서 부인과 랠리를 하고 있는 친구 K가 손짓으로 인사를 한다. 이곳에 처음 왔을 때 친구 덕분에 이곳 분위기에 빨리 적응할 수 있었다. 나는 사물함에서 라켓을 꺼내고 신발을 갈아 신었다. 팔을 양옆으로 움직이는 동작과 함께 심호흡을 몇 번 하는 것으로 준비운동을 끝냈다.

탁구장 안을 자세히 살펴보니 대부분 낯익은 사람인데 한 사람이 처음 보는 것 같았다. 그는 탁구 칠 때의 팔 움직임이 좀 어색해 보인다. 어느 때와 같이 조사장 부부는 같이 치고 있고 남편은 부인에게 실수할 때마다 코치를 해주느라 열심이다. 나이 들어 부부가 같은 취미를 갖는 것은 참 좋은 일인 것 같다. 화젯거리가 늘 있으니 대화도 자연스럽게 많아질 것이고 부부의 정도 깊어질 것이다. 아침반의 동호인들은 두 가지 부류의 사람들이다. 대부분은 은퇴자와 아줌마들이지만 이 근처에서 자영업을 하는 동호인들도 몇 명 있다. 내 앞의 테이블에서 빠른 볼의 랠리를 하고 있는 두 사람이 대표적이다. 40대의 이 두 사람은 10시가 되면 사업장으로 떠난다. 나는 어디로 갈까 망설이며 서 있으니 저쪽에서 오라고 손짓하는 사람이 있다. 연세가 팔순이 되었다는 이 선생이다. 손자가 하버드 나왔다고 자랑이 대단한 그는 팔순의 나이가 믿기지 않을 정도로 힘이 좋다. 조금 전까지 키가 농구 선수같이 큰 여자와 치고 있었는데 그녀가 쉰다고 하니 나 보고 오라는 것이다. S여고 교장 출신인 그녀는 파트너 되는 사람에게 항상 오렌지 주스를 준다. 그래서 별명이 오렌지 여사다. 내가 이선생과 랠리를 하는데 옆 테이블에서 혼성복식 게임을 하고 있다. 그런데 게임 하는 중에 경쾌한 웃음소리가 끊이질 않고 들린다. 상대방이 실수하면 웃고 자기 팀이 잘하면 하이파이브를 외치며 크게 웃는다. 옆에 있는 사람도 자연히 전염되어 따라서 웃게 된다. 행복 바이러스가 전염되는 것이다. 웃음은 엔도르핀을 나오게 하고 면역력을 높여준다. 탁구장에서 운동도 좋지만 이런 분위기가 마음에 든다.

쉬는 시간에 친구가 따라주는 보이차를 마시며 저기 저분은 탁구공을 잘 넘기기는 하는데 팔 동작이 좀 어색해 보이지 않느냐고 물었다. 친구는 "저 양반은 자전거 마니아였는데 몇 년 전에 자전거가 넘어지면서 그만 사고가 났대. 그때 목부분에 있는 경추를 다쳤다지. 그러고 나서 잘 움직이지도 못하고 말도 잘 못 했었다지. 지금도 재활병원에 있는데 탁구가 큰 역할을 했다는구먼. 저 분을 2년 전쯤인가 여기 왔었는데 그때는 말도 어눌하고 탁구공도 간신히 넘겼는데 지금은 엄청 좋아진 거야." 옆에 있던 이 선생이 덧붙였다. "내가 탁구를 권했지. 탁구가 치료 기능이 있다고 생각했던 거야. 이름하여 핑퐁 테라피지. 내가 작명한 거지만." 그러니까 탁구가 물리치료 및 심리치료 기능을 했다는 것이다.

조금 있으니까 갑자기 탁구장 안이 소란스러워지기 시작했다. 11시가 되면 나타나는 탁구장의 VIP가 나타난 것이다. 짙은 회색의 바지와 잠바 그리고 검은 모자를 쓰고 손을 흔들며 동호인들의 환영에 답하면서 보무당당히 입장한다. 그러면서 "할렐루야, 예수를 믿으세요!"라고 큰소리로 외친다. 그의 트레이드마크다. 환한 웃음과 함께 갖가지 환영의 인사를 하는 동호인들은 진정으로 그를 반긴다. 사람들에게 전집사로 통하는 그는 지난 늦은 가을 우리들에게 놀라운 소식을 전했었다. 삼성병원에서 진단을 받았는데 위암4기라 하는데 전이가 많이 되어 수술을 할 수가 없을 정도라는 것이다. 그런데 의아한 것은 그 당시에 통증도 없고 식사하는데 지장이 없으며 탁구 치는 데도 문제가 없다는 것이다. 나는 그에게 물었다. "그렇다면 전집사님은 특이 체질이시군요." 라고 말하였다. 그는 "의사들도 이해를 못 하더군요. 나는 살만큼 살아서 그렇게 두렵거나 초조한 것은 없어요. 헌데 집에서는 난리가 났어요." 고희를 조금 넘긴 그와 이런 얘기를 한 것이 두 달 조금 넘은 것 같다. 그 이후 그는 계속 탁구를 즐겼고 우리는 그와의 만남이 언제까지 지속될지 초미의 관심사가 되었다. 하여간 탁구가 그의 건강 유지에 도움이 되었으면 하는 바람이다. 요즘 들리는 얘기는 밤에 통증이 와 잠을 잘 못 잔다는 것이다.

이런 예를 보면서 생각이 드는 것은 '건전한 육체에 건전한 정신이 깃든다'는 말도 맞지만, 역으로 '건전한 정신이 건전한 육체를 만든다'는 명제도 성립한다고 생각된다. 우리나라의 오래된 전통 수련법인 국선도에서는 몸과 마음을 함께 닦는다고 한다. 마음은 몸에 영향을 주고, 몸은 마음에 영향을 미친다. 국선도와 비교할 수는 없지만 탁구에서도 그런 비슷한 효과가 있는 것 같다. 나는 오늘도 새로이 만들어진 엔도르핀이 내 혈관을 돌고 있는지 어느 때보다 기분 좋은 마음으로 체육관을 나섰다.

원자탄과 평화공원

지난 5월말 일본 큐슈 지방 여행을 다녀왔다. 인천국제공항에서 비행기에 탑승하고 신문 하나 읽고 나니 후쿠오카공항에 도착한다는 기내 방송이 들렸다. 한 시간 남짓 날았으니 시간적으로 따지면 제주도에 가는 것이나 별반 차이가 없다. 후쿠오카공항에 도착하니 한국어 안내문이 눈에 뜨였고 한국어로 안내방송이 나오니 처음 방문한 도시에서 느껴지는 낯설은 게 별로 없는 것처럼 보인다. 일본어로 쓰여진 안내문도 읽을 수 있으니 이것도 일조 하였을 것이다.

나가사키행 기차를 타려면 하카다역으로 가야한다. 관광안내 부스로 가서 안내원에게 물었다. 지난 일 년 간 배운 일본말을 처음으로 써먹었다. 전형적인 일본 여자의 모습에 제복을 단아하게 입은 안내원은 말했다. 국내 항공선으로 운행하는 셔틀버스를 타고 가서 하카다역으로 가는 전철을 타라고 말이다. 하카다역에서 JR 특급 카모메에 몸을 실었다. 빠르고 쾌적한 열차였다. 차창 밖으로 보이는 일본 시골 풍경을 감상하면서 두 시간 남짓 가니 어느새 종착역에 다다르고 있음을 알았다. 그때 열차 스피커에서 흘러나오는 귀에 익은 선율이 잔잔하게 흘러나왔다. 아, 저것은 푸치니의 '나비부인'에서 나오는 '어떤 개인 날'이 아닌가. '나비부인'의 배경이 나가사키라는 것을 일깨워 주었다. 역에 도착하니 시간은 저녁 8시 가까이 되었다. 몇 번을 물어 호텔에 도착했다. 물어볼 때마다 사람들은 친절하게 말해 주었다. 일본 사람들의 친절과 성실성이 첫날부터 깊이 느껴졌다.

호텔에 여장을 풀고 저녁 먹을 음식점을 찾았으나 주위에 그럴듯한 곳은 보이지 않고 작은 선술집이 몇 군데 보였다. 그중의 한 집에 들어가니 몇 사람이 음식을 시켜놓고 술을 마시고 있었다. 나가사키를 대표하는 음식을 꼽으라면 단연 짬뽕이다. 나는 이름만 듣던 나가사키 짬뽕을 시켰다. 우윳빛 나는 걸쭉한 국물에 여러 가지 해산물과 야채가 듬뿍 들어있었다. 우리나라의 경우와는 달리 김치나 단무지 같은 것은 없으나 짬뽕 그 자체만으로도 맛있었다.

다음날 아침 일찍 나가사키역으로 가서 하우스텐보스로 가는 기차를 탔다. 하우스텐보스(Huis Ten Bosch)는 네덜란드어로 '숲 속의 집'이라는 뜻인데 1992년에 완성된 놀이공원이다. 이색적인 유럽풍의 건물과 각종 시설물이 사람들의 눈길을 끈다. 그러나 인위적으로 꾸며진 느낌이 많이 들어 큰 감흥을 가질 수는 없었다. 서둘러 구경을 끝내고 나가사키로 돌아왔다.

오후에 그라바엔과 오란다자카를 둘러보았다. 일본에서 제일 일본답지 않은 도시가 나가사키라고 하는데 절로 수긍이 간다. 그라바엔은 아름다운 언덕길에 위치한 서양인들이 거주했던 여러 저택을 하나로 묶어 공원처럼 꾸며놓은 곳이다. 저택의 방에는 당시 그들이 사용했던 물건들이 그대로 남아 주인이 떠난 자리를 지키고 있다. 유럽 스타일의 벽돌 타일이 깔린 오란다자카 언덕의 주변에는 오래된 서양식 건물에서 이국적인 정서가 물씬 풍긴다.

포르투갈의 배는 1543년 나가사키에 처음으로 들어와 조총과 기독교를 전했다. 이어 스페인, 네덜란드, 영국의 배들이 들어와 교역을 시작하였다. 이 때 포르투갈인들이 미친 영향은 일본어에도 남아있다. 빵은 포르투갈어의 pão에서 나가사키의 명품인 카스테라는 castelo에서 나왔으며 아리가도오 고자이마스(감사합니다)의 아리가도의 어원이 포르투갈어의 고맙다는 뜻인 오브리가도(obrigado)에서 나왔다고 한다.

아시아의 어느 나라보다 서양문화를 적극적으로 받아들여 경제대국 일본을 만드는데 나가사키는 큰 역할을 하였다. 일본 근대화의 영웅이며 일본 국민이 가장 존경하는 정치인인 사카모토 료마가 외친 말이 있다.

"나가사키를 열어 개항하는 것만이 일본을 살리는 길이다." 이처럼 나가사키는 일본 근대화의 출발점이며 상징으로 여겨지고 있다.

이제 내가 가장 가보고 싶었던 평화공원으로 발걸음을 옮겼다. 전차를 타고 갔다. 나가사키의 전차는 아주 예쁘다. 일본 내 다른 도시에서 사용하지 않게 된 전차를 이곳에 기증했는데, 각각의 특색을 살려 원형으로 유지했기 때문에 다양한 디자인의 전차가 시내를 맵시 있게 달리고 있다. 마츠야마초(松山町) 정류장에 내려 얼마 안가 평화공원 입구가 나왔다. 입구는 새로이 설치되는 에스컬레이터 공사 중이라 어수선하였다. 계단을 올라가니 평화공원이 한눈에 펼쳐졌다. 공원의 가운데에는 분수가 있고 제일 북쪽에 커다란 남자 청동상이 보인다. 한국에서 온 단체 관광객도 눈에 띄고 일본 학생들이 기념사진 찍는 모습도 보인다. 우선 거대한 조각 앞에 다가갔다. 이름은 '평화 기념상'으로 제정된 높이 9.8m, 무게 30톤의 조각은 이 지역 출신의 조각가인 기타무라 세이보가 50년대 중반에 5년에 걸쳐 만든 것이란다. 하늘로 향해 올린 남자의 오른손은 원폭의 가공할 비극을 나타내고 옆으로 뻗은 왼손은 평화를 의미하며, 가볍게 감긴 눈은 원폭으로 희생된 사람들의 명복을 비는 의미가 담겨 있다고 한다.

사람들의 가슴을 울리는 것은 이 거대한 조각이 아니라 이 기념물 앞쪽에 있는 분수와 연못이다. 이 분수와 연못은 원폭피해자로 숨진 어느 소녀의 혼을 위로하기 위해 마련된 것이다. 원폭이 떨어

원자탄과 평화

진 날에 기록한 이 소녀의 수기에서 따온 글이 분수 앞의 돌에 새겨져 있다. "목이 말라 참을 수가 없었습니다. 물에는 기름 같은 것이 뒤덮여 떠 있었습니다. 참을 수 없이 물이 마시고 싶어서, 어쩔 수 없이 기름이 떠 있는 물을 마셨답니다."

이 글을 읽는 순간 베트남전에서 네이팜탄으로 불바다가 된 마을을 벌거숭이로 뛰쳐나와 울부짖는 어린 소녀의 사진이 떠올랐다. 아프가니스탄 전쟁에서의 어느 소녀 이야기도 떠올랐다. 전쟁과 평화는 불과 물의 개념이라고 말할 수 있다. 어린 소녀들의 목마름은 평화에 대한 간절한 목마름이다. 지구촌 곳곳에서의 전쟁과 분쟁 그리고 우리를 둘러싼 한반도 긴장 상태 등을 생각하면 우리 모두 정도는 다를지언정 목마름을 겪고 있다. 우리는 다만 기름이 섞여 있는지도 모르고 물을 마시고 있는 것은 아닐까.

운명의 날, 1945년 8월 9일에 당시 세계 최대의 공군기지였던 티니안 섬에서 탑재기와 관측기로 편성된 B29 두 대가 제1 공격 목표로 지정된 규슈 북쪽의 고쿠라(小倉)를 향해 출격했다. 고쿠라 상공은 심한 구름으로 뒤덮여 있었다. 10여분 선회비행을 하고 나도 구름이 걷히지 않자 비행기는 제2의 공격 목표인 나가사키로 향했다. 구름 때문에 수많은 사람들의 운명이 엇갈리게 되는 순간이었다.

원폭은 폭발 직후 6,000℃의 고열과 엄청난 충격파를 일으킨다. 이 고열과 충격파로 인해 대부분의 사상자가 발생한다. 나가사키에서 투하된 원폭은 지상 500미터 상공에서 터지면서 가공할 엄청난 고열과 폭풍과 방사선으로 시내를 파괴하고 수많은 인명을 앗아갔다. 이 원폭은 길이 3.5미터 직경 1.5미터 무게 4.5톤의 플루토늄 폭탄이었다. 이보다 3일 전에 히로시마에 투하된 우라늄 폭탄에 비해 1.5배의 폭발력을 가지고 있었다. 나가사키 원폭 피해자는 15

만여 명에 달했다. 여기에는 많은 한국인도 포함되어 있다. 병기를 만드는 병기창에는 예외 없이 조선인들이 강제 노역을 하고 있었기 때문이다.

나가사키는 희생의 표본이다. 원폭의 첫 번째 목표였던 고쿠라 대신 희생당했다. 또한 일본의 군국주의자들은 최후까지 미국과 싸운다는 계획을 가지고 있었으니까 결과적으로 수백만 일본인들과 수만 명의 미국군의 희생을 막은 셈이다. 이런 생각을 하면 나가사키 시민들에게 경의와 함께 애잔한 마음이 드는 것은 어쩔 수가 없다.

원자력 관련 업계에서 평생을 종사한 나로서는 이 비극의 현장을 보고나니 착잡한 마음을 금할 길이 없다. 평화를 지키는 것이 이렇게 큰 대가를 치러야만 되는가. 어떤 학자는 2차 대전 이래 국지전은 있었지만 3차 대전이 안 일어난 것은 원자폭탄과 수소폭탄이 있기 때문이라는 분석을 하였다. 핵폭탄이 전쟁 억지력을 발휘한 것이라는 것이다. 매우 역설적이긴 하지만 현 상황을 생각하면 일리가 없는 것도 아니란 생각이 든다. 이스라엘 사람들의 인사가 평화를 기원한다는 '샬롬'이다. 뒤집어 얘기하면 얼마나 평화를 바라면 인사가 '샬롬'일까 생각케 한다. 호텔로 돌아와 텔레비전을 켜니 원자력 관련 뉴스가 나왔다. 일본 동북부 대지진에 의한 후쿠시마 원전사고로 인하여 모든 원전이 정지 상태에 있었는데, 여름철 성수기를 맞아 일부 원전의 재가동 여부를 놓고 찬반이 엇갈리고 있다는 소식이 흘러나오고 있었다.

탁구 예찬

월요일 아침이면 부산해진다. 탁구 모임에 가기 때문이다. 아침 신문을 다 읽고 이번 주에 할 일을 체크한 다음 마지막으로 컴퓨터를 켜고 이메일을 본다. 그리고 수건과 마실 물을 챙기고 탁구 가방을 메고 집을 나선다.

집에서 5분이면 자치회관 탁구장에 도착한다. 벌써 부지런한 회원들이 탁구대를 펴고 커피를 준비하고 있다. 모두들 모닝커피를 마시면서 주말에 있었던 얘기들 하느라 여념이 없다. 나는 커피를 선착순으로 마신 다음 준비된 선수와 난타를 치기 시작한다.

탁구는 그 속도감 때문에 탁구공과 상대방의 움직임 외에는 아무 생각도 하지 못한다. 빠른 공을 칠 때는 마치 번갯불이 왔다 갔다 하는 것 같다. 이만큼 고도의 집중력이 요구되는 운동도 없다

하겠다. 골프를 칠 때 어드레스하고도 공을 칠 때까지 갖은 상념이 머릿속에 어른거리는 것과는 사뭇 대조된다.

이렇게 나의 일주일은 탁구로 시작된다. 두 시간 동안의 운동은 몸과 마음을 개운하게 해주고 일주일을 즐겁게 보내도록 해준다. 내가 이렇게 탁구의 매력에 빠지게 된 계기는 작년 초에 테니스를 하다가 오른쪽 다리의 인대가 늘어나는 부상을 당하게 된 것이었다. 70년대 중반부터 즐기던 테니스를 더 이상 못한다고 생각하니 여간 섭섭하고 아쉬운 것이 아니었다. 그러나 나는 운동을 해야만 했다. 운동을 좋아하기도 하지만 당뇨의 조절을 위해서라도 땀 흘리는 운동을 해야 했다. 그래서 생각한 것이 탁구였다.

사실 나는 테니스와 골프를 최우선의 취미로 하던 시절에는 탁구를 좀 시시하게 여겼었다. 테니스나 골프처럼 넓은 공간에서 운동하는 것에 비하여 탁구는 좁은 공간에서 움직이는 것이 마땅치 않아 보였다. 지금 생각해보니 얼마나 잘못된 생각이었는지 모른다.

탁구는 매우 섬세한 운동이다. 지름 38㎜ 무게 2.5그램에 불과한 탁구공의 변화무쌍한 움직임 때문이다. 그 작고 가벼운 공은 스핀을 잘 먹기 때문에 어떤 구기보다 테크닉이 다양하다. 야구에서 투수가 여러 가지 볼을 던지는 것은 공을 잡는 형식에 따른 다양한 스핀 때문이다. 테니스에서도 톱스핀, 슬라이스 등 치는 방식에 따라 스핀을 넣을 수 있고 골프에서도 페이드 샷이나 드로 샷을 구사할 수 있지만 탁구와는 비교가 되지 않는다. 탁구에서는 서브가 아홉 가지나 된다하고 스핀 종류만 해도 루프드라이브, 사이드스핀, 톱스핀, 백스핀 등 다양하기 그지없다. 탁구 경기에서 나오는 현란한 플레이는 이러한 다양한 스핀의 구사 능력에 따라 나온다.

이곳 자치회관의 탁구 회원은 남자 6명과 여자 8명으로 모두 14명으로 구성되어 있다. 연령층으로 보면 30대 중반의 학원 강사부터 8순을 넘긴 할아버지까지 다양하다. 이 중에 고희를 바라보는 영숙이라는 분이 있다. 그녀는 탁구 경력이 5년 되었다는데 제법 잘 치기도 하려니와 여간 즐겁게 탁구를 하는지 모른다. 어느 날 그녀는 탁구를 시작하게 된 얘기를 나에게 들려주었다. 5년 전 당시에 아이들 다 결혼시키고 나니 허전하기가 그지없었다 한다. 내성적인 성격이라 친구도 많은 편이 아니고, 지팡이를 짚고 다닐 정도로 건강도 안 좋았다고 한다. 그런데 어쩌다가 이 자치회관의 탁구 프로그램을 알게 되었단다. 어느 날 와서 관람해보니 자기 또래의 아줌마들이 깔깔대며 탁구를 하는 것이 그렇게 부러울 수가 없었다고 했다. 그래서 용기를 내어 탁구를 시작하였다고 한다.

얼마 안 있어 지팡이도 필요 없어지고 소화불량이라든가 하는 잔병도 없어지고 건강이 눈에 띄게 좋아지게 되었다고 한다. 거기에다 성격도 활달해지고 활기차게 생활하게 된 것이 모두 탁구 때문이라며 탁구 예찬에 입에 침이 마를 지경이다. 옆에서 듣던 분이 한마디 거든다.

"아유, 글쎄 큰아들이 너무 좋아가지고 초창기에 떡도 해오고 밥을 몇 번이나 샀다니까요."

탁구가 서민 운동으로 알려져 있지만 그 기원(기원에 대해서는 여러 가지 설이 있음)은 프랑스의 궁정에서 귀족들이 즐겼던 운동이었다. 세계 1, 2위 부자인 빌 게이츠와 워렌 부펫이 탁구광이라는 것은 이 기원설과 무관치 않은 것 같다. 그들 집에 전용 탁구대를 설치해 놓고 동호회원들과 탁구를 즐긴다고 하니 말이다. 탁구에서 말미암은 정신력과 집중력이 그들로 하여금 그렇게 대부호가 되도록 해준 것이 아닌가 생각해본다.

탁구는 또한 국제 외교적인 사건에 중요한 매개체 역할을 하고 단절된 사회와의 가교 역할도 한다. 70년대 키신저를 앞세운 미국 닉슨 대통령의 대중국 외교에서 물꼬를 튼 것이 미국과 중국의 탁구 경기인 것은 유명한 사례다.

나는 90년대 중반 국제기구의 펠로십으로 스웨덴에 2개월 머무른 적이 있다. 그때 소속되어 있던 기관이 아세아 아톰이라는 회사였다. 그곳의 노조위원장이 주선하여 형무소로 탁구를 치러 간 적이 있다. 수인들과 탁구를 치고 차를 마시고 즐거운 한때를 보냈다. 그곳 스웨덴 교정기관에서는 출소가 얼마 남지않은 사람들이 사회에 나가 적응을 잘하도록 일반 사회인들과 교류를 시킨다는 차원에서 교도소 내에 탁구장을 운영한다는 것이었다.

지난주에는 '코리아'라는 탁구를 소재로 한 영화를 보았다. 남한과 북한은 1991년 4월 일본 지바에서 열린 41회 세계탁구선수권대회에 분단 이후 최초의 남북 단일팀으로 출전하였다. 같은 한국말을 쓰지만 이념적 장벽에 따른 너무나 다른 사고방식과 생활방식을 가진 두 팀이 하나로 어우러져 가는 과정이 흥미롭게 전개되었다. 단일팀 '코리아'의 복식조는 남한의 현정화와 북한의 리분희였다. 한국의 대표적인 두 여배우인 하지원(현정화역)과 배두나(리분희역)의 열연이 영화의 긴장감과 완성도를 높여주어 재미있었다. 한때나마 탁구는 남북한 분단의 슬픔을 잊어주게 하는 매체 역할을 한 것이다.

다음 주 금요일에는 고등학교동창 탁구모임이 있다. 작년 가을에 결성되었을 때만해도 내가 J에게 4개를 잡혀주고 게임을 해도 내가 이기기 어려웠는데 지금은 2개 잡고 내가 이기는 비율이 많다. 자치회관을 드나들면서 내 실력이 많이 늘었다는 것을 증명해주고 있다. 나보다 한참 먼저 시작했는데 지금 그는 은근히 나를 경계하고 있는 것이 말이나 표정에서 감지되고 있다.

"J야, 기다려! 이번 가을에는 너를 따라가고야 말 것이야."

그날 그의 표정이 어떨 것인지 그려보는 게 요즈음 나의 또 하나의 즐거움이다.

템플스테이

한여름으로 치닫는 6월 하순이다. 오늘은 전부터 체험해 보고 싶었던 템플스테이 가는 날이다. 동서울터미널을 출발한 버스는 장평을 지나 진부까지 거침없이 내달렸다. 진부에서 월정사 가는 버스는 방금 출발하여 한 시간을 기다려야 했다.

마침내 버스를 타고 창밖을 내다보니 농작물이 가뭄으로 인해 힘겨운 모습을 하고 있었다. 그러는 동안 어느새 월정사에 도착하였다.

한창 더운 오후 시간이지만 월정사 주변은 서울의 기온과는 달리 서늘한 기운이 맴돌았다. 일주문을 통과하니 우리나라에서 가장 아름다운 숲길 중 하나인 전나무 숲길이 펼쳐졌다. 양옆으로 높이 솟은 아름드리 전나무가 빽빽하게 늘어서 있다. 길은 황톳길로 큰

트럭이 지나갈 정도로 넓었다. 그런데 특이한 것은 한국의 모든 산에 있는 소나무가 잘 안 보인다. 오대산에 소나무가 없고 전나무가 무성한데는 나옹선사의 일화가 있다. 고려말 무학대사의 스승인 나옹선사가 공양을 하려는데 소나무에 쌓였던 눈이 그릇에 떨어졌다. 그때 산신령이 나타나 소나무를 쫓아낸 뒤 전나무 아홉 그루에 절을 지키라고 했다. 그 이후로 소나무는 점차 사라지고 전나무가 무성해졌다는 일화가 전해진다.

사무실에서 등록을 끝낸 후 방을 배정 받았다. 이십여 명의 등록자 가운데 남자는 아홉 명이었는데 어린이 두 명을 제외한 일곱 명이 한 방을 쓰게 되었다. 방에 여장을 풀고 주황색 수행복으로 갈아 입었다. 프로그램이 시작되는 시간까지 여유가 있어 경내를 둘러보았다. 절은 삼면이 울창한 산림으로 에워싸였고 서쪽으로 남대천이 흐르고 있다. 오대산은 삼재(三災)를 당하지 않을 명당으로 알려져 있다. 조선왕조실록을 보관하였던 오대산사고(史庫)가 자리한 것만 봐도 증명이 되는 것 같다. 월정사는 신라 선덕여왕 때 자장율사가 석가모니불의 진신사리를 적멸보궁에 봉안한 후 창건한 절이다. 대웅전이라 할 적광전(寂光殿)과 바로 그 앞에 있는 고려 초기 석탑을 대표하는 국보48호 팔각구층석탑이 고즈넉이 자리 잡고 있다.

공식적인 프로그램은 월정사 경내의 성보박물관 관람으로 시작되었다. 보물 제139호 석조보살좌상을 비롯하여 불상, 불화, 불교의식구 등 불교문화유산이 다채롭게 전시되어 있었다. 안내자의 열정어린 설명에 모두들 뜨거운 박수를 쳤다. 불교 지식이 많이 늘어난 기분이었다. 저녁 공양을 마치고 모두 종루로 가서 범종을 치는 체험을 하였다. 모든 중생이 깨어나라고 치는 범종은 33번을 타종한다고 한다. 은은하게 울려 퍼지는 종소리가 저 멀리 아름답게 수놓은 저녁노을과 어울려 기묘한 분위기를 연출하였다.

저녁 시간에는 담당 스님이 템플스테이에 대한 오리엔테이션을 하였다. 이번이 마지막 기수로 곧 서울로 가신다는 스님은 능숙한 대화 솜씨로 모임을 이끈다.

우리에게 동영상을 먼저 보여줬다. 동영상에는 현대 음악가인 존

케이지가 작곡한 4분 30초짜리 음악을 런던 필하모닉 교향악단이 연주하는 장면이 들어있다. 그 시간 동안 교향악단은 아무 연주도 하지 않고 다만 악보만 보고 있고 지휘자의 어떤 동작도 없다. 소리가 전혀 없는 음악이다. 이것은 불교의 '묵언'과 같은 것이라고 스님은 설명한다. 또 하나는 하와이 와이키키해변에서 서핑 하는 장면이다. 사람은 오욕칠정(五慾七情)에 얽혀 항상 감정의 파도에 휩쓸리기 마련이다. 험한 파도를 서핑 하는 것처럼 사람의 마음에 이는 파도를 지혜롭게 잘 타야한다는 뜻에서 그 장면을 보여준 것이다.

다음날 시간표에 따라 3시 40분에 기상했다. 사위는 완벽한 정적이다. 닭 울음소리조차 없고 너무 이른 새벽이라 그런지 새소리도 들리지 않는다. 내 일생에 이런 아침을 맞이한 적이 있었던가. 밖으로 나가보니 소리 없이 비가 내린다. 기다리던 비라 반갑기는 한데 오늘 선재길을 걷는데 지장이 있을까 걱정도 된다. 범종의 종소리가 은은하게 사위로 퍼져나간다. 우리는 간단한 세면을 하고 예불(禮佛)을 드리러 법당으로 갔다. 준비되어 있는 반야심경도 독경하고 나를 깨우는 108배를 드렸다. 처음 해보는 108배는 다리도 아프고 콧등에는 땀이 보송보송 맺혔다.

오늘 일정은 월정사의 5개(동 · 서 · 남 · 북 · 중대) 암자 중에 가장 오지에 위치한 서대암자를 순례하고 상원사에서 점심 공양을 한 다음 선재길을 걷는 것이다. 아침 공양을 마치고 떠날 채비를 하니 비가 멈추었다. 절에서 제공하는 간식과 물을 바랑에 넣어 메고 서대암자로 향했다. 모두들 밀짚모자에 수행복을 입고 바랑을 메니 수행자처럼 보인다. 가파른 산길을 올라가는데 등산길이 아니라 주말인데도 우리 일행 외에는 사람들을 만날 수 없었다. 하지만 동고비, 박새, 까마귀 등 산새들이 지저귀며 우리를 환영해 준다. 서대암자 입구에는 한때 한강의 발원지로 알려졌던 '우통수(于筒水)'가 그것을 알리는 비석만이 초라하게 자리를 지키고 있다. 암자는 흙벽돌에 지붕은 얼기설기 덮은 함석지붕으로 초라하기 그지없다. 처마 밑에 선명하게 쓰여진 '서대수정암(西臺水精庵)'이라는 문패는 '집은 초라해도 집주인의 정신은 더없이 맑다'라고 말해주는 것 같았다. 집둘레에 쌓아놓은 장작이 십 년을 써도 남을 만큼 되는 것 같다. 장작 패는 것도 수행의 한 과정일 것이다. 스님 혼자서 기거한다니 나 같은 사람은 무서워서 하룻밤도 못 지낼 것 같은 생각이 들었다. 우리는 스님이 내주시는 수박을 맛있게 먹고 상원사로 발걸음을 옮겼다. 상원사 입구에 다다르니 세조가 목욕할 때 옷을 걸어 두었다는 관대걸이가 덩그러니 놓여 있다. 세조가 등창이 심하여 이곳 남대천에 와서 고쳤다고 한다. 상원사는 국내에서 유일하게 문수보살상을 모시고 있는 문수신앙의 중심지이다. 상원사의 동종은 현존하는 동종 중 가장 오래된 것이라고 한다.

상원사에서 점심 공양을 하고 '선재길'을 걸었다. 이 길은 오대산 월정사와 상원사를 잇는 길이다. 길 이름은 화엄경에 등장하는 지혜로운 구도자 '선재동자(善財童子)'에서 나왔다. 신라시대부터 지혜를 깨치고자 승려들이 두 발로 다지며 걸었던 수도의 길이다. 그러니까 선재길은 '길(道) 찾는 길'이었다. 나는 숲속의 호젓한 길을 걸으며 지혜를 깨치기보다는 일행들과 얘기를 나누기에 바빴다. 어느새 오대천을 가르는 섶다리에 다다랐다. 소나무로 기둥과 상판을 만들고 잔가지를 얹어 그윽한 풍경을 자아낸다. 마침내 월정사에 도착하니 온몸이 뻐근하다.

저녁에는 스님 주재로 템플스테이 참가자들의 소감을 듣는 모임이 있었다. 멀리 미국에서 아이들과 함께 참석한 가족도 있고, 고민이 많아 마음의 치유를 하려고 참석한 직장인도 있었다. 모두들 좋은 경험과 성찰의 기회를 가질 수 있었다고 좋아하는 모습이었다. 나는 이번 기회에 지금까지 내가 가지고 있던 불교에 대해 아는 것보다 더 많은 것을 배우고 체험하였다고 말했다. 하지만 불교의 정수인 '깨달음'에는 문지방도 못 넘은 것 같다. 다음날 아침 나는 피곤하여 늦잠을 자버렸고 아침 예불도 빠졌다. 아침 공양할 때 어제 입소한 스코틀랜드의 에든버러에 산다는 영국 여자와 로스앤젤레스에서 온 미국인 부부를 만났다. 그들도 한국의 문화를 이해하고 불교에 대해 알고자 왔다고 했다. 템플스테이가 한국의 문화 체험의 하나로 자리매김하고 있음을 알았다. 나는 한참을 기다린 끝에 진부로 가는 버스에 몸을 실었다. 버스 안에서 오래전에 읽은 김동리의 '등신불(等身佛)'을 생각하다가 잠이 들었다.

특별한 소풍

오늘은 소풍 가는 날이다. 그것도 과천의 서울대공원으로. 초등학교 시절, 소풍 가는 날은 설렘과 기대감으로 온통 들떠 있곤 했다. 그러나 우리 도우미들은 주인공이 아니다. 주인공들은 정신적인 장애를 겪고 있는 장애인들이다. 등촌동 사회복지관의 주관으로 실시하는 몸이 불편한 장애인들의 나들이에 도움을 주기 위해 간다. 회사에 다닐 때 다른 형태의 봉사활동을 해보았지만 자발적으로 하는 것은 처음이다. 나는 서울대공원으로 전철을 타고 가면서 어떤 사람들이 오는지 궁금했고 내가 해야 할 일이 무엇일까 생각해 보기도 했다. 만나기로 한 장소인 서울대공원의 호랑이상 앞에 가니 이미 동창친구 두 명이 와 있었다. 그들도 이런 경험은 처음이란다.

11시가 조금 넘어 등촌동에서 출발한 버스가 도착했다. 장애인들과 봉사자들이 목에 인식표를 걸어 표시한 것이 눈에 띄었다. 인식표에 장애자는 '참가자'로 도움을 주는 사람은 '봉사자'로 표기되어 있다. 어떤 장애인은 휠체어를 타고 있는 사람도 있고 겉으로 보기에는 언뜻 표시가 나지 않는 사람도 있었다. 복지관 안내자의 말을 들으니 오늘의 행사는 주로 정신지체 장애자를 대상으로 하는 나들이로 일 년에 두어 번 바람 쏘이게 한다는 것이다.

우리는 모두 5개조로 짜여져 있고 나는 1조에 배속되었다. 봉사자는 삼성에 다녔던 친구와 현재 사업을 하는 친구의 부인 그리고 나를 포함해 세 명이다. 참가자는 삼십대 초반의 청년과 오십대의 중년 남자 그리고 육십대 초반의 남자와 그의 부인 등 네 명이다. 각 조에게는 미션이 주어졌다. 대공원 내를 둘러보면서 주어진 곳의 사진을 찍어 주최측에 보내라는 것이었다. 임무를 제일 먼저 완수한 팀에 일등상을 준다고 한다. 식물원에서 다섯 가지 꽃을 찍기, 기린이 풀 먹는 모습, 사자를 배경으로 한 참가자 모습 담기 등이었다.

내가 참가자들에게 인사를 하자 앉아 있던 키가 큰 청년이 벌떡 일어나더니 악수를 청하는 것이었다. 반갑게 인사를 하고 나이를 묻자 서른한 살이라고 했다. 여섯 살 때부터 약을 먹었다고 하니 25년간을 고생한 것이다. 겉으로 보기에는 아무 이상이 없는 것처럼 보이는 이 청년에게 이런 천형(天刑)이 왜 내려진 것일까.

붉은 악마 응원단의 빨간색 유니폼을 입은 오십대의 환자는 활달하게 움직이는 모습에 처음에는 봉사자인 줄 알았다. 얼굴이 홍조를 띠고 있어 건강하게 보이고 운동을 좋아할 것 같은 겉모습은 완전히 정상인으로 보였다. 그러나 그의 행동을 보면 무엇인가 초조하고 가만히 있지 못하는 상태로 기분 내키는 대로 왔다 갔다 하곤 하였다.

다른 두 명은 부부로 남자는 육십대 초반인데 거의 말이 없다. 묻는 말에도 잘 대답을 안 했다. 반면에 여자는 대화를 무난하게 할 수가 있었다. 보성이 고향이라는 이 아줌마는 고등학교 3학년 때 발병하였다고 하며 왜 이런 몹쓸 병에 걸렸는지 모르겠다고 한탄스럽게 말을 하였다. 병은 소문을 내야 낫는다지만, 정신질환은 숨기고 싶은 병이다. 정신분열증은 거부감 등의 이유로 조현병(調絃病)으로 이름이 바뀌었다. 조현은 현악기의 줄을 고른다는 뜻으로 조현병 환자의 모습이 마치 현악기가 정상적으로 조율하지 못했을 때의 혼란스런 상태를 보인다고 해 붙인 이름이다.

우리는 악어가 있는 우리에 도착했다. 악어 모습이 기이했다. 우리에는 세 마리가 있었는데 모두 움직이지 않고 있었다. 그중에도 한 마리는 입을 쫙 벌린 채로 우리가 볼 동안 움직이질 않았다. 우리들 일행은 '진짜 악어가 아니라 모형으로 만들어 놓은 것 아냐?' 하고 의구심을 나타낼 정도였다. 그러나 조금 있으니 눈을 움직이는 것이 보였다. 모두 탄성을 질렀다. 그러나 아주머니를 빼놓고는 놀라는 표정이 뚜렷하지 않고 엷은 미소 정도였다. 사자가 있는 곳에 갔을 때 마침 먹이를 주는 시간이라 사람도 많았고 사자들이 으르렁거리며 먹을 것을 차지하느라 뛰는 모습이 볼 만하였다. 해설자에 따르면 수사자들이 잘 때는 껴안고 자기도 하고 서로 잘 놀기도 하지만 먹을 것이 걸렸을 때는 으르렁거리고 서로 싸우기도 한다고 한다.

사자 먹이를 주는 것을 보는 참가자들은 아주 즐거워하였다. 그러나 그 기쁨을 소리 지르거나 크게 웃는 모습으로 나타내는 것은 아니었다. 감정 표현이 자유스럽지 않은 것을 느꼈다.

우리에게 주어진 미션을 달성하기 위해 조원 모두들 열심이었다. 그런 과정에서 서로 친밀감을 느끼고 투어가 끝나갈 즈음에는 친한 친구가 된 듯하다. 젊은 친구는 고향이 울산인데 가끔 부모님이 그를 보러 온다고 한다. 제법 더운 날씨인데도 긴팔 점퍼를 입고 있었다. 그는 자전거와 탁구가 취미라고 하며 장애인 탁구대회에 나가 입상도 하였다고 한다. 나도 탁구를 좋아하니 언제 같이 치자고 하니 고개를 끄덕인다. 몸 상태가 항상 지금과 같으냐고 물으니 그는 아니라고 하면서 정기적으로 약을 먹어야 한다고 한다. 나는 그 말을 들으니 가슴이 저려오며 그의 아픔을 가늠한다는 것이 얼마나 어려운 것인가 하는 생각이 들었다.

나는 지금까지 정신적으로 문제되는 것이 환경적인 요소나 후천적으로 외부의 영향으로 생기는 것으로 알았다. 최근에 일어난 전방부대에서의 총격사건으로 알려진 '관심병사'처럼 말이다. 이 사건의 주인공은 관심병사의 하나였으며 그들은 정신적이나 심리적 문제를 안고 있다는 것이다. 정신적으로 모범이 되는 걸로 알았던 군에서 관심병사가 20%나 된다니 놀라지 않을 수 없었다. 그렇다면 일반 사회에서도 그 수치는 이보다 적지 않을 것 같다는 생각이 든다. 디지털시대에 복잡한 현대를 살면서 정신적으로 문제를 갖고 있지 않은 사람이 몇이나 될까.

오늘의 행사가 가슴 답답한 저들에게 한줄기 소낙비가 되어 막힌 가슴이 뻥 뚫렸으면 하는 바람이다. 나들이 행사가 끝나고 그동안 정이 들었던지 모두들 아쉬워하면서 다시 만나자고 굳은 악수를 나누면서 헤어졌다. 내가 봉사활동을 한 것이 아니라 내가 봉사 받은 느낌을 받으면서 떠나는 버스에 손을 힘차게 흔들어 주었다.

한강 풍경

오늘도 무척 더웠다. 텔레비전 뉴스를 트니 서울의 기온이 36.7℃까지 올라갔다고 한다. 18년 만의 기록이란다. 전남 광주는 39.5℃까지 올라갔다니 이제 대한민국은 온대가 아니라 아열대로 편입된 것 같다. 오늘로 10일간 연속으로 열대야가 지속되었으니 심신이 피곤하다. 올림픽이 열리고 있는 런던에서 태극전사들의 감동과 환희를 동반한 승전보도 열대야의 후덥지근하고 무더운 여름밤의 열기를 식혀주질 못한다.

저녁을 먹고 한강공원으로 나갔다. 저녁에 별일 없으면 행하는 일과 중의 하나다. 집에서 나가 강변북로의 지하도를 나오면 한강의 모습이 한눈에 들어온다.

왼쪽으로 어르신들이 게이트볼을 즐기고 있는 모습이 눈에 들어온다. 정면으로 한강의 모습이 친숙하게 다가선다. 시원한 강바람과 함께 가없이 펼쳐지는 한강은 보기만 해도 막혔던 가슴이 펑 뚫리는 것 같다. 강 건너 저편에는 오십미터는 족히 되는 거대한 분수가 폭염을 조금이라도 식히려는 듯 시원한 물줄기를 뿜어내고 있다.

정면에 양평동이 보이고 그 너머 목동아파트가 눈에 들어온다. 왼쪽으로 고개를 돌리면 양화교가 보이고 다리 너머로 여의도에 있는 엘지 쌍둥이빌딩과 그 너머로 63빌딩이 위용을 자랑하며 서 있다. 조금 오른쪽으로 대한미국의 정치 중심지인 국회의사당이 자리하고 있다.

게이트볼장을 지나 오른쪽으로 방향을 틀어 난지공원 방향으로 향했다. 왼쪽으로 가면 양화교와 절두산 성당이 나오는데 경치며 시설이 오른쪽에 못 미친다. 조금 가면 테니스장이 나오고 동호인들이 게임에 열중하고 있다. 30년 이상을 즐기던 테니스인지라 이곳을 지날 때면 대전에서 동호인들과 치던 기억이 새록새록 나고, 지금 치고 있는 저들과 어울려 한게임 하고 싶은 생각이 굴뚝같다. 테니스코트를 조금 더 지나가면 야구장이 보인다. 야구 동호인들은 구슬땀을 흘려가며 야구를 즐기고 있다. 강에는 오리보트와 모터보트가 한가로이 떠있다. 아마도 낮에는 손님들로 북적였을 것이다.

시원한 강바람을 맞으며 본격적으로 걷기 시작했다. 갖가지 옷차림을 한 사람들이 길을 채운다. 연인이나 부부는 손을 잡거나 어깨에 손을 얹고 걷는 사람도 있고, 걷는 것만으로는 부족하여 손에 가벼운 아령 같은 것을 쥐고 속보로 걷는 사람도 있다. 조깅하는 사람도 간간이 눈에 띄고 유모차를 끌고 산책하는 부부도 있다.

걷기는 몸 운동, 마음 운동이다. 걷기는 휴식을 주고 마음은 열려 방심한 상태로 만든다. 휴식과 방심은 내면을 억압하지 않기 때문에 직관적, 창조적인 사유가 잘 흘러나오도록 유도한다. 걸으면서 사색하기를 즐겨 했던 장 자크 루소도 "걷기에는 내 생각들에 활력과 생기를 부여하는 그 무엇이 있다. 나는 한자리에 머물고 있으면 거의 생각을 할 수가 없다. 내 몸이 움직이고 있어야 그 속에 내 정신이 담긴다."고 하였다.

걷는 길과 평행으로 뻗은 자전거길에는 자전거로 신나게 달리는 애호가들로 붐빈다. 산책길의 오른쪽에는 있는 잔디밭에는 가족 단위로 또는 친구들끼리 삼삼오오 모여앉아 먹거나 마시고 즐거운 시간을 가지고 있다.

이런저런 것을 보느라 눈이 호사를 누리고 나면 성산대교에 다다른다. 오늘은 조금 일찍 나와서 사진사들의 모습이 눈에 띄지 않는다. 해가 지고 나면 아마추어 사진사들이 성산대교의 아름다운 모습을 카메라에 담기 위해 분주하게 움직이는 곳이다. 조명을 받은 다리는 환상적인 모습으로 변하기 때문이다.

성산대교에 이르면 또 하나의 풍경이 펼쳐진다. 아마추어 음악가들이 펼치는 한여름 밤의 음악회다. 지난봄만 해도 다리 밑에서 연주하곤 했는데 이제는 작지만 아담한 무대가 설치되었다. 이곳에서 연주되는 악기는 색소폰이 제일 많지만 그 외에도 트럼펫, 플룻, 아코

디온, 하모니카 등 다양하다. 오늘은 가수도 등장하여 솜씨를 뽐내고 있다. 한강에 나온 많은 시민들이 무대를 둘러싸고 앉아 같이 따라 부르기도 하고 흥에 겨워 무대 앞에 나가 춤을 추는 사람도 있다.

색소폰 연주가가 등장하여 색소폰을 부는 것을 보고 발길을 돌려 가는 길을 갔다. 성산대교를 바로 지나면 오른쪽으로 수영장이 눈에 들어온다. 어린이용과 성인용으로 구분된 수영장에는 아직 풀장을 떠나지 않은 몇 명만이 있지만 낮에는 한낮의 뜨거운 열기를 식히고자 하는 수영객들로 붐볐을 것이다. 수영장을 지나면 홍제천과 맞닥뜨린다. 오른쪽 몇 가지 운동기구를 갖춘 곳에서 사람들이 운동에 열심이다. 새로 건설된 다리로 홍제천을 건너면 왼쪽으로 잔디밭과 코스모스 밭이 있다. 때 이르게 핀 코스모스가 강바람에 산들산들 흔들린다. 한강변의 정취를 돋워주는 것 같다.

해가 지평선에 이르니 구름은 햇빛에 채색되고 붉은 노을이 펼쳐진다. 태양은 하루 중 가장 붉은 색깔을 띠고 그 장엄한 모습을 보인다. 가양대교 위로 펼쳐치는 일몰의 풍경은 그야말로 한 폭의 아름다운 그림이다.

한강의 다양한 풍경을 감상하고 집으로 돌아가는데 저 멀리 여의도에서 불꽃놀이를 하고 있다. 각양각색의 모양과 밝기로 한여름 밤의 하늘을 수놓고 있다.

한동안 불꽃놀이에 넋을 놓고 구경하고 있자니 더위가 싹 사라진 것 같다.

후쿠시마 망령

우수가 지나니 봄기운이 여기저기에서 느껴진다. 겨우내 움츠렸던 몸이 기지개를 켜고 어딘가에 가고 싶어진다. 없던 식욕도 새로 생겨나는 것 같다. 회를 즐겨 먹는 것은 아니지만 가끔 먹고 싶을 때가 있다. 주말을 맞아 가족과 외식을 할 때도 되어서 나는 집에서 가까운 가락동 수산물 시장에 가서 회를 먹자고 제안했다.

다른 식구들은 좋다는 반응을 보였는데 막내딸이 시큰둥하다. 나는 막내에게 "너도 회 좋아하지 않니?" 하고 물었다. 그러자 "요즘 사람들이 회 잘 안 먹잖아. 후쿠시마 원전 사고로 바닷물고기가 방사능에 오염되었다고 그래." 하는 것이었다. 나는 그제서야 요즘 매스컴에서 떠드는 생선의 방사능 오염 문제가 떠올랐다.

후쿠시마의 방사능에 오염된 바닷물 때문에 일본에서 들여오는 생선은 물론 국내에서 잡히는 생선도 안 먹는다는 것이다. 2012년 7월에 후쿠시마 원전 사고가 났으니 지금 3년이 넘었지만 그 영향은 아직도 줄어들지 않고 있는 것이 현실이다. 후쿠시마의 망령이 한반도에서 배회하고 있는 것이다.

한 달여 전에 식당에서 동태탕을 주문했는데 동태탕을 하지 않아서 못 먹은 적이 있다. 모든 사람들에게 수산물에 대한 '막연한 불안'이 확산되고 있으니 어쩔 도리가 없다. 정부에서는 일본에서 수입하는 생선에 대해 엄격한 방사능 검사를 하니 안심하라고 홍보하지만 많은 사람들이 횟집에 가지 않는다고 한다.

막내는 "아빠는 오래 살았으니 괜찮지만 나는 이제 20대 중반이거든." 하고 쐐기를 박았다. 나는 "그 말도 맞지만 나도 아직 살아갈 날이 많이 남아 있다. 이번 기회에 우리 얘기 좀 하자."고 했다.

그래 네가 회를 먹으러 가든 안 가든 조금 논리적으로 접근해 보자. 막내는 동의했다. 우리가 대전에 살 때 조류 인플루엔자(AI)가 유행일 때 오리고기 집을 간 적이 있는데 기억하는지 모르겠다. 그때 한창 AI가 매스컴에 오르내리니 오리고기 식당에 사람들이 안 가는 거야. 관련 협회에서는 AI가 사람에게는 전염이 되지 않으니 염려 없다고 하고, 만일에 전염되는 일이 발생하면 10억 원을 준다고 했어. 하지만 사람들은 요지부동이었지. 식당이 많이 문 닫고 개점휴업을 하는 곳이 많았지. 우리 집 근처 식당은 기존 값의 반으로 제공한다고 식당에 써 붙였지. 우리가 식당에 갔는데 우리 말고 다른 한 팀만 있었지. 우리들은 오리고기를 맛있게 배부르게 먹었었다. 그 사태를 겪으면서 느낀 것은 우리나라 사람들은 감성이 유달리 발달한 민족이라는 것이다. 이번 수산물 기피 현상도 같은 맥락에서 이해된다.

막내는 "후쿠시마의 방사능에 오염된 바닷물이 우리나라 바다로 흘러올 가능성이 있잖아."라고 말했다. 후쿠시마는 일본 혼슈의 북동쪽에 있기 때문에 후쿠시마의 바닷물은 한반도 근해로 오기보다는 하와이 쪽으로 흘러가겠지. 또 전문가들은 국내 물고기들은 일본으로 가지 않고, 일본 물고기는 한국에 오지 않는다고 해. 국내 연안에서 잡히는 물고기는 방사능 오염 우려가 거의 없다고 누누이 말을 해도 소비자들은 들은 체도 안 한다. 국내에서는 수산물의 방사능 검사에서 기준치 이상 나온 적도 없지. 일본 수입 수산물에 대한 기피는 이해되는데 러시아산이나 우리나라 근해에서 잡히는 수산물까지 꺼리는 것은 나로서는 이해가 되지 않는다.

막내는 "근데 방사능 오염이 구체적으로 어떻게 되는 거야?"

후쿠시마 발전소에서 연소되고 난 핵연료가 바닷물에 노출되어 오염되는 것인데, 그 연료인 우라늄이 핵분열 될 때 생긴 분열생성물이 주된 오염 물질이야. 방사성 물질 중 멀리 퍼져 나갈 수 있어 수산물 등에서 검출될 우려가 있는 것이 방사성 세슘이다. 방사선 검사를 하면 금방 알 수 있지. 세슘 얘기가 나왔으니 내 경험담을 들어봐라. 내가 90년대 초에 스웨덴의 핵연료 회사에 가 있을 때 일이야. 어느 날 방사능피폭 검사를 받았는데 내부 피폭이 되었다고 검사 결과를 보여주었어. 나는 깜짝 놀랐지. 어떻게 된 영문인지 모르겠다고 담당자에게 말했더니 나보고 사슴고기 먹은 적이 있냐고 묻는 거야. 그래서 가만히 생각해보니 일주일 전에 그 회사의 직원 집에 초대 받은 적이 있거든. 스웨덴에는 무스라고 부르는 덩치가 꽤 큰 사슴이 사는데, 그 직원이 사냥으로 잡은 거라고 하면서 저녁 식사로 내놓은 거야. 맛이 좋더라구. 그런데 그 사슴 고기에 방사성 세슘이 들어 있었던 거야. 그 무스는 방사능에 오염된 풀을 먹은 거지. 그 방사능 오염은 1986년에 일어난 당시 소련의 체르노빌(현재는 우크라이나) 원전 사고가 났을 때 공기를 타고 1,500 킬로미터를 날아온 것이지. 그러니까 내가 스웨덴에 있을 때가 1991년이니까 사고가 난 지 5년이 흘렀는데 그때까지 스웨덴의 토양은 방사능에 오염된 상태라고 할 수 있지. 하지만 스웨덴에서는 오염된 토양이나 그 풀을 먹고 자란 무스라든지 가축에 대한 식용 제한을 하고 있지 않았지. 그 오염된 정도가 기준치 이하라서 무해하다고 판단하고 있는 것이지.

말이 나왔으니 방사선에 대해 얘기해 주고 싶구나. 방사선은 자연방사능과 인공방사선으로 구분할 수 있지. 방사선은 에너지 상태가 불안정한 원자핵을 가진 원소가 붕괴해 안정된 원소로 변해갈 때 내어놓는 에너지를 말한다. 흔히 알파선 · 베타선 · 감마선 · X선

등을 방사선이라고 한다. 감마선이 가장 강하고 알파선이 제일 약하다. 방사선은 어디에나 존재한다. 지구 밖에서 쏟아지는 우주방사선, 땅에서 나오는 지각방사선도 있다. 심지어 특정한 음식을 먹을 때와 담배 필 때에도 방사선이 나온다. 이런 방사선을 통틀어 자연방사선이라고 한다. 이 때문에 일반인이 받는 자연방사선량이 연간 2.4mSv(밀리시버트)에 이른다. 브라질 기리바리에서는 자연방사선량이 10mSv에 이른다. 그러니까 인간은 태초부터 방사선을 받고 살아온 셈이지.

이에 반해 인공방사선이 있다. 일본 후쿠시마 원전 사고 시에 새어 나오는 방사선이나 핵실험에서 나오는 방사선, X선 촬영이나 컴퓨터단층촬영(CT) 때처럼 의료기기에서 나오는 방사선은 인공방사선이다. X선은 한 번 촬영할 때마다 0.1~0.3mSv, CT는 2mSv가 나온다. 암 진단에 쓰이는 양전자단층촬영기(PET-CT)의 경우 1회 피폭량이 13.65mSv로 X선의 백배가 넘는다.

우리나라에서는 1년에 허용 인공방사선 노출량이 1mSv인데 사람들은 기꺼이 그 이상의 방사선량을 받고 검사를 받고 있지. 비용과 편익분석에서 이익이 훨씬 크기 때문이지.

방사선은 인체에 여러 가지 손상을 준다. 큰 에너지를 가지고 있는 방사선은 DNA를 손상시킨다. DNA가 손상되면 유전자의 돌연변이가 일어나거나 세포가 죽게 된다. DNA손상으로 유발된 돌연변이는 유전적인 결함을 불러오기도 하고, 암을 발생시키기도 한다.

막내는 "몸에 방사능이 들어가도 괜찮은 거야?" 하고 물었다.

의료용으로 받는 정도는 몸에 별 이상이 없지. 너 혹시 라돈탕이라고 들어봤는지 모르겠다. 인체에 좋다고 홍보하는 목욕탕이나 온천탕인데 유럽에서 오래전에 인기가 있었다. 일본이나 한국에서 뒤늦게 따라한 것이야. 유럽에서는 류머티즘 치료에 좋다고 알려졌는데 이는 입증되지 못한 상태이고, 라돈에서 나오는 베타방사선 때문에 피부의 병원균이 죽어 피부병에 특효가 있다는 것은 알려진 사실이지. 호르메시스 이론이라고 있는데 미량의 방사선은 신체 방어시스템을 활성화해 건강에 도움이 된다는 거다. 보톡스는 1000만분의 1g만 먹어도 사람이 죽는다는 맹독성 물질이다. 그런데 적은 양으로는 미용에 좋고 천식 등 여러 가지 질병에 듣는 치료약으로 쓰인다. 뱀 독, 벌 독, 전갈 독 등도 치료약으로 쓰이는 것은 같은 맥락이다.

"그런데 라돈은 무엇이야?" 이참에 그동안 궁금했던 것을 다 알아야겠다는 듯이 물었다.

라돈은 방사선을 내는 비활성 기체 원소인데, 우라늄과 토륨에서 라듐이 생성되고 라듐이 붕괴되면서 나오는 기체가 라돈이야. 지질에 따라 농도는 다르지만 우라늄은 어디에나 있다. 라돈은 암석이나 토양, 건축자재 등에 광범위하게 존재하기 때문에 우리는 자연스럽게 라돈에 노출되어 있다. 우리가 일상에서 받는 자연방사선양의 절반 정도가 라돈에 의한 것이다.

라돈은 알파선을 내놓고 폴로니움으로 변하는데 알파방사선은 에너지가 약해 사람에게 큰 위험을 주지 않아. 그런데 라돈에 장기간 노출되면 폐암이나 위암을 일으키기 때문에 주의를 해야지.

"아빠 얘기를 듣고 보니 이해가 좀 되네. 그래도 생선회를 먹는다는 것은 좀 꺼림칙한데."

방사선 얘기가 나오면 사람들이 긍정보다는 부정적 생각을 하게 된다. 어쩔 수 없는 일이라고 생각한다. 히로시마와 나가사키에 떨어진 원자폭탄, 체르노빌 원전사고 등에서 트라우마가 생겼기 때문이다. 그러나 우리는 21세기 과학과 기술의 시대에 살고 있다. 사고도 그에 걸맞게 해야 하지 않을까 생각해 본다.

*후쿠시마 원전 사고는 쓰나미로 인한 정전으로 냉각수 펌프가 멈추는 바람에 원자로가 녹아내려 발생했다.

4.

점 있는 생각

‘사랑에 대한 모든 것’을 보고

아침 신문을 보니 ‘사랑에 대한 모든 것’에서 스티븐 호킹을 연기한 에디 레디메인이 아카데미 영화상의 남우주연상을 받았다는 기사가 눈에 띄었다. 지난달에 인상 깊게 보았던 영화다.

‘사랑에 대한 모든 것’은 아인슈타인 이후 최고의 물리학자로 인정받고 있는 스티븐 호킹과 그의 첫 번째 부인 제인(펠리시티 존스 분)과의 로맨스를 담은 영화이다. 우리나라에도 방문을 한 바 있는 그의 휠체어 강연 모습은 외경스럽기까지 했다. 나는 그가 어떻게 루게릭병이라는 엄청난 병을 이기고 세계적 물리학자가 되었는지 궁금했다.

케임브리지대학에서 공부하고 있던 호킹은 5월 무도회 때 별처럼 반짝이는 눈을 가진 제인을 처음 만난다. 그들의 사랑이 무르익어 갈 무렵 호킹에게 루게릭병이 덮친다. 이 병은 운동신경세포만 선택적으로 사멸하는 질환이다. 앞날이 창창한 젊은이가 갑자기 청천벽력같은 소리를 듣는다. 의사는 앞으로 2년 남았다고 담담하게 말했다. 모든 것을 포기한 그는 제인마저 멀리한다. 그러나 호킹을 사랑하게 된 제인은 그에게 결혼할 것을 제의한다. 호킹의 아버지는 제인에게 "무슨 일이 닥칠지 모르는 것 같구나. 이대로 가면 오직 절망과 좌절만 있을 거야. 이 병은 싸울 수 있는 그런 게 아니야."라고 말하면서 결혼을 말렸다. 제인은 "제가 그렇게 강해 보이지 않는다는 건 알아요. 하지만 끝까지 함께 싸울 거예요. 우리 두 사람이 함께하면 할 수 있어요."라고 말했다.

어느 순간 호킹은 지팡이 없이 걸을 수가 없고 손에서도 힘이 빠져 식사하는 것조차 의지대로 할 수 없게 된다. 호킹의 몸은 시간이 갈수록 쇠약해지고 간호하고 보살펴야 하는 제인도 점차 지쳐간다. 호킹이 겪는 육체적·정신적 고통 그리고 그것을 지켜보아야 하는 제인의 정신적 고통을 두 배우는 탁월한 연기로 소화해낸다. 관객이 지루할 틈이 없다.

엎친 데 덮친 격으로 폐렴에 걸린 그는 1985년 기관지절개수술로 가슴에 꽂은 파이프를 통해서 호흡을 하였고 휠체어에 부착된 고성능 음성합성기를 통해서 대화를 하게 된다. 그는 신체 중에서 유일하게 움직이는 두 개의 손가락으로 컴퓨터를 작동시켜 강의도

하고, 글을 받아쓰기도 하며 이야기를 나눈다.

제인의 헌신은 호킹이 학문에 대한 열정을 불태우는데 절대적인 기여를 하였다. 그의 몸이 굳어가고 말조차 할 수 없는 병과 맞서 싸우면서 '특이점(特異點) 정리', '양자우주론(量子宇宙論)', '블랙홀 증발' 등 혁명적 이론을 속속 발표하였다. 호킹은 모든 것을 다 빨아들이는 것으로 알려졌던 블랙홀이 실제로는 입자를 방출하기도 한다는 놀라운 사실도 밝혀냈다. 영화에도 등장하는 이 현상은 '호킹 복사'라고 이름 붙여졌다.

우주의 생성과 기원에 대하여 일반인들이 쉽게 이해하도록 세계적 베스트셀러가 된 『시간의 역사』를 쓰기도 하였다. 그런데 우주와 블랙홀에 대해 어느 누구보다 많은 연구와 이론을 발표했음에도 그가 노벨물리학상을 받지 못했다. 그것은 어떤 이론이 발표되고 그 이론이 실험적으로 입증되어야 한다는 노벨상 선정 기준이 있기 때문이다. 아인슈타인도 그 유명한 '일반 상대성 이론'으로 노벨상을 받은 것이 아니라 광전효과의 법칙에 대한 연구로 받았다.

한 줌 빛조차 탈출할 수 없는 엄청난 힘으로 모든 것을 빨아들이는 블랙홀은 오랫동안 사람들의 상상력을 자극해 왔다. 블랙홀 이론이 수학적으로 맞지만 그것을 입증할 수 있는 장치나 관측은 영원히 불가능할지도 모른다.

밤하늘에 보이는 저 수많은 별들이 137억 년 전 빅뱅으로 태어났다고 한다. 그 이후 별들이 생성을 반복하는 과정에서 블랙홀이 생겨났다. 그 블랙홀은 우주 어딘가에 존재하고 간접적으로 그 존재를 추정한다. 오늘날 사람들은 빅뱅과 블랙홀을 사회적 현상이나 일반적인 사건에 비유해서 쉽게 사용한다. 그러나 나에게는 빅뱅이 뜻하는 의미가 쉽게 다가오지 않는다. 호킹은 빅뱅 직후의 우주 현상을 수학적으로 풀어 해석한다니 그의 정신세계가 궁금해진다. 그의 꿈은 "우주와 시간에 시작이 있었다는 것을 단 하나의 단순하고 우아한 수식(數式)으로 증명해 보이는 것."이라고 말해왔다. 그래서 영화 제목도 '모든 것의 이론(Theory of Everything)'이라는 뜻이었는데 이것을 '사랑의 모든 것'이라고 재치 있게 번역하였다. 영화 제목을 이렇게 번역한 이는 우주 질서의 근본은 사랑이라고 생각했기 때문일 것이다.

이 영화는 우주의 기원에 대한 인류의 끝없는 탐구에 큰 진전을 이룬 호킹의 업적 뒤에는 헌신적인 부인의 깊은 사랑이 있었다는 것을 보여주었다. 사랑의 힘은 텅 빈 우주 공간에 의미를 부여했다.

열흘째 열대야

열대지방으로 편입이 되는 신호인가
바람을 맞으러 집을 나선다
한강의 바람은 사람을 기운차게 만드는 힘이 있다
더위에 지친 사람들 삼삼오오 몰려든다

모두들 운동에 열심이다
걷고, 달리고,
자전거 타고, 테니스 치고, 게이트볼 하고
운동기구 타고 돌리면서
9988234*를 외친다

잔디밭에서 박수소리 크게 들린다
한여름 밤의 음악회가 열리고 있다
구성진 목소리의 지나간 유행가가 울려퍼지고
색소폰, 하모니카, 아코디온, 플루트 소리가
열대야를 식힌다

난지도에서 반환점을 찍었다
이제 어둠이 깔리기 시작한다
노래와 악기소리는 계속되지만
운동하던 사람들은 보이지 않는다

저 멀리 여의도에서는 불꽃놀이 한창이다
성산대교는 조명으로 애무를 받고 있다
시원한 물줄기를 뿜어내는
분수 사이로 아이들이 괴성을 지른다
계절을 앞선 코스모스도 고개를 흔든다

*99세까지 팔팔하게 살다가 이삼일만 아프다 죽자

간송미술관을 찾아서

전철 타고 버스 타고 간송미술관에 갔다
성북동 산허리에 고고하게 자리 잡고 있다
70여 년이 지난 백색의 2층 건물에
얼과 혼이 들어 있다
저 건물이 디디고 있는 땅은
한반도 곳곳의 땅이 다 모인 곳
온 나라 땅의 지기(地氣)가 모여 중력을 이루고 있다
아침부터 늘어선 저 긴 줄은 무엇인가
중력의 힘이 사람들을 끌어당기고 있다

한민족의 찬란한 문화유산이

살아 숨 쉬는 간송미술관
겸재, 현재, 관아재의 진경산수가
혜원의 '미인도'와 '월하정인'이
추사, 단원의 명필과 명화가
고려의 '천학매병' 이조 백자
'훈민정음 해례본'이 숨쉬고 있다
국보가 아닌 것이 없다
천 년의 석탑이
눈빛이 형형한 간송이 지키고 있다

뇌와 건강

인간은 화를 내거나 강한 스트레스를 받으면 뇌에서 노르아드레날린이라는 물질이 분비된다. 이 호르몬은 극렬한 독성을 갖고 있고 이 독성 때문에 노화가 촉진된다. 반면에 '기분이 좋다'고 생각하면 베타엔도르핀이 분비되고 면역력이 높아진다.

술을 마실 때 A라는 사람은 술이 간장에 안 좋다고 생각하고 걱정하며 마시면, 이런 마음 상태가 아드레날린을 분비하게 하고 이로 인해 활성산소가 발생한다. 반면 B라는 사람은 술맛 좋군 하며 마시게 되면 뇌내 모르핀인 베타엔도르핀이 분비되며 인체에 이롭게 작용한다. 긍정적인 발상은 이처럼 육체에 좋은 영향을 미친다. '건전한 육체에 건전한 정신이 깃든다'는 오랜 격언이 있다. 하지만 이런 뇌의 작용을 생각하면 '건전한 정신에 건강한 육체가 된다'라는 말도 성립할 수 있겠다.

이러한 호르몬은 뇌에서 생성된다. 뇌는 기본적으로 신체의 화학 공장이다. 여러 종류의 화학 물질을 생산하는 이 공장에서 어떤 물질이 생산되느냐는 우리의 마음이 어떤 상태이냐에 따라 결정된다. 마음먹기에 따라 뇌에서 분비되는 물질이 나온다니 신기한 메카니즘이다.

뇌는 인체를 성장하게 하고 사지를 움직이게 하는 메시지를 전달하는 모든 종류의 호르몬을 생산하여 모든 장기의 기능을 통제한다. 어떤 경우에 이 공장이 이 임무를 수행하는데 난관에 부딪쳐 특정 호르몬이 생산이 안 되면 우울증, 신경쇠약 등 여러 가지 부작용이 나타난다. 뇌의 화학작용은 기본적으로 호르몬과 신경전달물질을 말한다. 신경전달물질은 신경세포를 통하여 다양한 신체기관이 뇌가 원하는 대로 작동하게끔 한다.

뇌에서 생성되는 호르몬이 행복, 슬픔, 신체거동, 정신 상태 등에 영향을 준다.

도파민은 동기부여와 일에 집중하게 하는 호르몬인데 이것이 부족하면 우울증과 피로와 불안을 야기한다. 일명 행복호르몬이라 불리는 세로토닌은 즐거운 감각을 일으킨다. 수면과 관계된 멜라토닌, 사랑의 호르몬이라 불리는 옥시토신이 있으며 심박수를 높이고 혈액 흐름을 증가시키는 아드레날린이있다. 몰르핀 같은 황홀감을 느끼게 하는 것은 엔도르핀인데 달리기 할 때 느끼는 황홀감은 이 호르몬 때문이다.

이외에도 인식 능력과 행동에 영향을 미치는 GABA호르몬, 알츠하이머, 파킨슨병과 관계되는 글루타메이트 등이 있다.

그런데 호르몬이 모두 뇌에서만 분비되는 것이 아니라는 점이다.

미국 신경생리학자 마이클 거숀은 장을 '제2의 뇌'라고 했다. 그만큼 뇌와 장은 상호 연결되어 있다는 뜻이다. 스트레스 받았을 때 소화장애가 생기거나 체했을 때 머리가 아픈 것도 장과 뇌가 연결되었다는 것을 설명해 준다. 또 행복호르몬으로 불리는 신경전달물질 세로토닌의 95%가 장에서 만들어진다는 사실도 이를 뒷받침한다. 치매는 뇌에서 비롯되지만 장내 미생물과도 관계된 것으로 밝혀졌다. 치매 환자의 장에는 '빅테로이데스'라는 균이 정상 환자보다 현저히 적은 것으로 나타났다.

그러면 이러한 호르몬의 생성을 원활하게 할 수 있는 자연적 처방은 무엇인가.

제일 먼저 해야 할 일은 규칙적인 운동이다. 운동은 엔도르핀의 생성을 증가시켜 몸 상태를 기분 좋게 만들어 행복감을 느끼게 한다. 혈관을 통하여 아드레날린이 치솟게도 만든다. 혈액을 통하여 아드레날린이 들어가 근육의 움직임을 강화시키고 이것은 육체적으로 정신적으로 강화시킨다. 운동을 하게 되면 정신을 집중하게 만들고 스트레스도 해소시킨다.

그러나 격렬한 운동을 피해야 한다. 지방을 연소시키려면 많은 양의 산소가 필요한데 격렬한 운동은 대량의 산소를 소모하기 때문이다. 격렬한 운동은 활성산소를 많이 발생시키는데, 이 활성산소가 지방과 결합하면 모든 성인병의 원인이 되는 과산화지질과 같은 노화 물질을 생성시킨다. 그래서 고른 호흡을 하는 부드러운 운동을 장시간 해야 한다. 그러면 산소가 충분히 공급되어 지방을 점차적으로 연소시킨다.

다음으로 스트레스를 해소하고 웃음이 있는 생활을 해야 한다.

스트레스는 GABA호르몬을 낮은 수준으로 만들고 아드레날린과 옥시토신 생성을 증가시킨다. 사람마다 스트레스의 원인이 다르기 때문에 그 해소법도 다를 것이다. 자신에 맞는 스트레스 해소법을 찾아 정상적인 호르몬 분비를 하도록 해야 한다. 웃음은 베타엔도르핀을 분비한다. 이는 면역 계통을 향상시키고, NK(Natural killer) 세포 활동을 활성화시켜 암 등 외부세포를 공격한다. 웃음으로 암을 치료한 사례도 보고되고 있다. 웃을 일이 있어야만 웃는 것이 아니고 거짓 웃음이라도 뇌는 그것을 알아채지 못하고 호르몬을 분비시킨다고 한다.

정기적으로 햇빛을 쬐어야 한다. 피부를 통해 흡수된 햇빛은 세로토닌을 생성시키고 멜라토닌 생성에 필요한 비타민 D를 만든다.

마지막으로 충분한 영양 섭취가 필요하다. 카페인, 육류, 바나나, 초콜릿, 홍당무 등은 도파민 생성을 도우며, 브로콜리, 쌀밥, 어류,

견과류 등은 GABA의 생성을 촉진시킨다. 장내에 유익균을 활성화시켜 세로토닌 등을 분비하게 하려면 채식과 유산균이 다량 함유된 김치・된장 등 발효식품을 많이 섭취해야 한다.

두뇌가 우리 몸과 마음을 지키는 최고 기관으로서 그 역할을 다하게 하기 위해서는 노력이 필요하다. 그 노력은 건강을 지키기 위한 필수적 요소라고 생각한다.

돌아온 부의금

인터넷을 하다가 은행계좌를 열어 보았다. 한 달에 한두 번 열어 보는 나의 계좌는 요즘 마이너스가 되었다가 연금이 입금되면 플러스로 되는 형편이다. 두 개의 신용 카드에서 나가는 금액과 유일한 입금 항목을 확인하였다. 그런데 입금 항목이 하나 더 있다. 송금처는 '아산병원 장례식장'이라고 쓰여 있었다.

일주일 전의 일이 떠올랐다. 그날 고등학교 동창의 모친상을 알리는 문자 메시지를 받았다. 한여름이라 나는 넥타이를 할까 말까 망설이다가 집에서 가까운 곳이라 정장을 하고 집을 나섰다. 마침 집 앞에서 아산병원까지 가는 버스가 있다. 아침에 그렇게 쏟아 붓던 장맛비는 어느새 그치고 낮에는 햇볕까지 쨍쨍 쬐었다. 온난화 현상으로 장마철의 비 오는 패턴도 열대지방의 그것을 닮아가고 있는 것 같다.

병원에 들어서서 호실을 알아보기 위해 전광판 쪽으로 갔다. 거기에는 요즘 자주 만나는 고등학교 친구 K가 누군가와 대화를 나누고 있었다. 그 친구는 나와 취향이 비슷해 취미가 겹치는 것이 많다. 등산과 바둑에 탁구까지 같아 모임 때마다 만나니 어느 친구보다 자주 만나는 사이다. 취미가 같으면 할 말이 많다. 대화의 주제가 자연스럽게 형성되어 말을 하다보면 시간 가는 줄 모른다. 그 친구는 나를 보더니 대화중이던 상대에게 이따 보자고 하며 인사하고 나에게 말하였다. "저 친구는 나와 대학 동창이니 상주와는 대학교 친구가 돼."라고 말했다. 지난달 바둑대회에서의 에피소드를 주제로 얘기를 나누었다.

한동안 얘기하다 영안실로 발걸음을 옮겼다. 계속 얘기를 나누며 계단을 올라갔다. 우리는 무심코 첫 번째 상가로 들어가게 되었다. 눈에 보이는 상가에 조화가 긴 줄을 이루고 있어 속으로 '대단한 집안이군' 하고 생각했다. 입구에 있는 부의금통에 조의금을 넣고 방명록에 이름까지 적었다. 친구는 먼저 영안실 안으로 들어갔는데 금세 나오더니 당황한 기색이었다. 그는 나에게 "야, 우리가 잘못 왔다. 영정사진에 있는 고인은 남자야." 우리가 받은 메시지에는 모친상이라고 알려 왔으니까 말이다.

그제서야 나는 깨달았다. 아까 그 대학 친구가 325호실이라고 말한 것이 떠올랐다. 3층으로 가야하는데 얘기에 빠져서 확인도 하지 않고 엉뚱한 2층 상가집으로 들어간 것이다. 이런 난감한 경우가 있나. 창피를 무릅쓰고 우리는 접수를 하는 사람에게 사정을 얘기하며 부의금을 돌려줄 것을 부탁하였다. 하지만 상가의 부의금통은 자물쇠로 채워져 있고 줄을 이어 찾아오는 문상객들로 인하여 지금은 곤란하다는 답변이 돌아왔다. 친구와 나는 곤혹스런 표정으로 잠시 있었더니 상주가 나왔다. 자초지종을 들은 그는 장례가 끝나고 계좌로 보내줄 테니 전화번호와 계좌번호를 적어 놓고 가라는 것이었다. 그렇게 해주는 것만으로도 고마운 일이었다. 나는 3층의 상가로 발걸음을 옮기면서 친구에게 "사람들이 친절하게 해주었지만 상중에 경황이 없을 텐데 약속대로 보내줄 수 있을까?" 하고 말하였다. 친구도 고개를 끄덕이며 "고인이 가는 길에 노잣돈 보태드렸다고 생각하지 뭐."라고 말했다.

한 층을 더 올라가 325호실을 확인하고 들어갔다. 동창 친구들이 보였고 우리는 부의금 봉투를 찾으려고 두리번거렸다. 그러나 앞에 써 있는 문구가 눈에 들어왔다. "부의금은 정중히 사절합니다." 문상을 마치고 식사를 하려고 방에 들어가니 문상객들로 꽉 차있다. 고등학교 동창들도 많이 와있다. 우리는 그들과 어울려 식사를 하면서 방금 전에 일어났던 이야기를 하였다. 앞에 앉아 있는 친구가 "결혼식장에서 축의금을 잘 못 내 곤란한 경우를 겪은 애기를 들은 적이 있는데 상가에서 부의금을 엉뚱한데 냈다는 것은 처음 듣는 소리다." 하고 빈정거리는 말투로 말했다. 다른 친구는 "사회생활이 쉽지 않아. 직장에 다닐 때는 비서나 직원들이 알아서 다 해주는 게 많잖아." 하고 말했다.

그래 이 친구 말이 맞다. 직장이라는 제도권을 떠나 생활하다 보면 예기치 않은 일을 많이 겪는다. 이런 상황은 장성이 전역했을 경우가 제일 어렵다고 들었다. 부관이 모든 것을 알아서 다 해주는 환경에 있다가 나 홀로 겪는 사회생활이란 보통 어려운 게 아니라는 거다.

나는 대전에서 오래 살다가 서울에 와서 살다보니 완전히 다른 환경이라 처음에 적응하는데 어려움을 겪었다. 새롭게 친구도 사귀어야 되고 새로운 환경에 적응해야 되기 때문에 겪는 갈등도 많았다. 그러나 좋은 점도 있다. 새로운 환경에 적응하기 위해서는 일종의 작은 도전이 계속적으로 필요하다. 생활의 재발견이랄까 또는 새로운 생활의 개척이랄까 뭐 이런 소소한 것에 재미를 붙이고 사는 것도 괜찮지 싶다.

어쩌면 이런 어처구니없는 일도 긴 여정의 인생 연극에서 필요한 작은 소품처럼 필요한 것인지도 모르겠다.

마음의 짐

입춘이 가까워서인지 햇볕이 따스한 오후에 동네 우체국에 들렀다. 동인지를 지인에게 보내기 위함이었다. 일주일 전에도 같은 책을 친구들에게 보냈었다.

창구에는 여직원이 앉아 있던 자리에 젊은 남자 직원이 근무하고 있었다. 책이라고 말하면서 우편물을 데스크 위에 올려놓았다. 그는 우편물을 집어 들고 세 개의 봉투에 있는 주소를 일일이 입력하였다. 전에 없이 왜 저렇게 주소를 적어야 하는지 이해가 안 되었다. 불안감이 살짝 스쳐 지나갔다. 잠시 후, "모두 11,100원입니다."라고 그가 말했다. 지난번에 보낸 것을 알고 있어 터무니없이 비싼 가격이었다. 어이가 없었다.

"책 세 권 보내는데 뭐가 그리 비싼가요?"

"그럼 일반으로 보낼까요?" 내가 그러라고 하니까,

"그럼 그렇게 말씀을 하셔야지요."라고 말했다. 그가 먼저 물었어야 하는데 내 탓으로 돌렸다. 괘씸하기까지 하다. 다시 계산을 하더니 6,600원이란다. 짜증이 났다. "그거 이리 줘요."라고 거칠게 말했다. 익숙함에서 벗어나면 불편하고 화부터 난다.

책을 받아들고 감정이 섞인 목소리로 "아니, 사람 하나 바뀌었다고 이렇게 엉터리로 업무를 하나?" 우체국 안에 다 들릴 만큼 크게 말했다. 사람들의 시선이 순간 내게로 쏠렸다. 금융 업무를 보고 있던 여직원이 나에게 무슨 일이냐고 물었다.

"내가 책을 우편으로 한두 번 부친 것도 아닌데, 갑자기 두세 배를 내라고 하니 어이가 없어서 그래요. 한 권에 1,110원씩 보냈었거든요."

그녀는 지금 하고 있는 일을 끝내고 처리해 주겠다고 했다. 조금 기다렸더니 우편 업무 창구로 와서 능숙하게 처리해주었다. 그러면서 소포와 우편물을 구분하는 기준이 있는데 아직 업무가 미숙해서 착오를 한 것 같다고 말했다. 그러니까 이 직원은 소포로 생각했던 것이다. 전에 있던 여직원은 책 정도는 당연히 일반우편으로 처리한다는 것을 알고 있었기 때문에 내게 물어볼 필요가 없었던 것이다. 무게를 달고 얼마라고 말하면 나는 신용카드로 결제하면 끝이었다. 업무 숙지가 덜 되어 생긴 일인데 요새 유행하는 갑질을 한 것 아닌가 하는 생각이 드니 그 직원에게 미안한 맘이 들었다.

집에 도착해 우리 동의 아파트 현관에 있는 우편함을 열어보았다. 그곳에는 아무것도 들어있지 않았다. 그런데 바닥에 두터운 우편물 뭉치가 놓여 있다. 자세히 보니 내게 온 우편물이었다. 내가 속한 단체에서 보내온 정기간행물이었다. 이상한 것은 그 간행물이 든 갈색 봉투가 접혀 있고 그 속에 우편물로 보이는 것이 한 뭉치 들어있었다. 봉투 둘레를 비닐 끈으로 묶어 놓아 그 안에 것은 확인할 수가 없었다. 내게 이렇게 많은 우편물이 올 리가 없는데 생각하며 집으로 가져왔다. 책상 위에 놓고 끈을 칼로 자르니 사오십 통의 우편물이 쏟아졌다. 순간 나는 화가 났고 얼굴도 모르는 우편배달부가 괘씸했다.

쏟아진 우편물에는 세상살이의 다양한 모습이 담겨있는 듯했다. 세무서, 법원, 경찰서 등에서 온 것도 있고 결혼청첩장도 있었다. 신용카드회사와 백화점 판촉물, 청첩장 등도 있었다. 그것들을 바라보고 있으려니 지난달 친구가 내 주소까지 확인하여 보낸 청첩장을 못 받아 본 것을 이제야 알 것 같았다. 우편물을 각 호수의 우편함에 넣어야 할 것을 꼼수를 써서 어떤 한 사람에게 몰아준 것이 아닌가 하는 의구심이 들었다.

약속이 있어 나가는 길에 우편물을 해당 호수에 넣어 주기 위해 좀 여유 있게 나갔다. 그러나 우편물을 각 호수의 우편함에 넣는 것이 생각보다 쉽지 않았다. 아파트 현관 양편에 있는 함에 왔다 갔다 하면서 하나하나 집어넣다 보니 시간은 생각보다 많이 걸렸다. 10분 이상 더 걸린 것 같다. 문득 우편배달부의 고단한 일상이 떠올랐다. 내가 사는 아파트단지만 해도 40동 가까이 되는데 우편배달부는 혼자서 그 일을 해야 되니 업무량이 상당할 것 같았다. 거기다 속달이나 등기는 집집마다 배달해야 하니 시간은 더 걸릴 것이다. 옛날처럼 사람을 보고 우편물을 전달하는 것도 아니고 아무도 알아주지 않는 배달업무에 회의를 느꼈을 수도 있을 것이다. 고되고 힘든 일을 때려치자니 처자식이 눈앞에 어른거렸을 것이다. 그의 고달픈 삶의 일상이 머리에 떠올랐다. 나는 그날 선량한 사마리아인이 되어 그에게 조금이라도 도움이 되었다는 생각을 하니 마음이 편해졌다. 우체국에서 생긴 마음의 짐도 자연스럽게 덜었다는 느낌이었다.

사회 규범

가을이 시작된다는 입추가 지나고 처서를 이틀 앞두어서인지 그 무덥던 날씨가 한결 누그러졌다. 폭염과 열대야는 사람을 지치게 한다. 너무 더워 그동안 좋아하는 탁구도 쉬었었다. 지친 몸을 추스르는 데는 운동만한 것이 없다. 오랜만에 탁구를 치러 오전에 금호체육관에 갔다. 무더위 탓인지 사람들이 많지 않아 여유 있게 운동을 하였다. 두어 시간 열심히 치고 나니 땀이 적당히 나고 몸이 가뿐해지는 것을 느꼈다. 탁구는 빠른 볼을 치면서 갖는 집중력으로 인한 스트레스 해소는 다른 운동과 비교할 바가 되지 않는 것 같다.

탁구를 끝내고 집에 가기 위해 금호역으로 갔다. 시간은 정오가 갓 넘었고 오후의 나른함이 느껴지는 시간이었다. 전동차를 기다리고 있는데 뒤이어 중년 남자와 아기를 포대기에 안은 20대로 보이는 젊은 엄마가 내가 서 있는 곳으로 왔다. 어미 캥거루가 육아낭에 새끼를 넣고 다니는 모습과 흡사하다. 옛날에는 포대기라고 했는데 요새는 '슬링'이라 부른다고 한다. 이윽고 전동차는 도착하였고 우리는 안으로 들어갔다. 전동차 안에 들어서니 시원한 바람이 바깥의 더위를 잊게 해주었다. 타서 보니 빈자리는 없었고 통로에 사람들이 서 있어 나는 입구 쪽의 가운데 손잡이를 잡았다. 나와 같이 탄 젊은 엄마는 입구 바로 옆의 좌석 앞에 섰다. 내가 서 있는 앞이다. 그녀 바로 옆에는 20대 초반으로 보이는 아가씨가 스마트폰으로 메시지를 보내고 있었다. 그런데 이 아가씨는 머리는 빨간색으로 염색했고 발톱은 초록색으로 칠하는 등 멋을 잔뜩 부렸다. 푸른색 원피스 블라우스는 가슴이 살짝 보이고 피부는 눈 같이 하얗다. 하여튼 깜찍하게 생겼다는 표현이 적절한 그런 아가씨였다.

전동차가 출발을 하였다. 얼마 안 있어 젊은 엄마 앞에 앉아 있던 여성이 일어났다. 다음 역에서 내리는지는 몰라도 내 생각에는 애기 안은 사람에게 양보하는 것으로 비췄다. 그런데 그 순간에 황당한 일이 벌어졌다. 스마트폰을 하던 그 빨간머리는 젊은 엄마를 조금 밀치면서까지 그 빈자리를 차지하는 것이었다. 분명히 그 빈자리는 그 엄마에게 더 가까운 곳이었다. 빨간머리는 자기가 그 앞에 더 오래 있었으니까 앉을 자격이 있다고 생각해 밀치면서까지 해서 자리를 잡은 것일까. 그 아가씨의 얼굴을 보니 앞에 있는 아기를 안고 있는 사람에 대한 미안한 표정은커녕 천연덕스럽게 여전히 카톡하느라 정신이 없다. 나 혼자 느끼는 것인지 몰라도 주위에 보이지 않는 약간의 긴장감이 흐르는 것 같았다.

나는 생각했다. '세상 참 많이 변했다' '요새는 각박한 세상을 살려면 저 정도의 뻔뻔스러움이 있어야 하는가' '그래도 그렇지 이건 완전 무개념의 행동이 아닌가' '전에 같으면 무안이라도 줘야 하는데 나는 이제 그런 용기가 없다' '저런 여자를 화성녀라고 일컫는가' 짧은 시간에 여러 가지 생각을 한 것 같다. 그런데 조금 있어 빨간머리의 자리에서 서너 자리 떨어진 곳에 앉았던 아줌마가 일어나며 아기를 안고 있는 엄마에게 무어라 말하면서 앉으라고 하였다. 나는 잘 안 들려 무슨 말을 하는지 잘 모르겠으나 그녀에게 미안하지 않게 둘러대는 것 같았다. 나이는 50대 후반으로 보이고 몸피가 좀 있는 모든 게 넉넉해 보이는 분이었다. 젊은 엄마는 사양을 하다가 자리에 앉았다. 그 후 2, 30초가 흘렀을까 했을 때 맞은편 좌석의 아줌마가 일어나더니 서 있는 그녀에게 곧 내릴 것이라며 자리를 양보하는 것이었다. 남색의 원피스에 진주 목걸이가 어울리고 품위가 있어 보이는 여자였다. 이렇게 몇 차례 자리바꿈이 일어났고 해프닝은 마무리 되었다.

금호역에서 다음 역인 옥수역까지 오는 시간에 일어 난 일이다.

빨간머리의 황당한 행동으로 촉발된 긴장감이 해소되고 다시 평온해진 느낌이다. 교통약자에게 자리를 양보하는 것은 우리의 살아 있는 미덕이다. 사회적 규범에서 일탈한 행동이 살아있는 양식에 의하여 바로 잡혀지는 것이 아주 흥미롭게 느껴졌다. 사회정의가 살아 있다는 것을 현장에서 목격한 것이다. 그래서 세상은 살 만한 것인가 보다.

에러 메시지

오월의 초입이었다. 하지만 한여름처럼 더워 나른하게 느껴지는 금요일의 이른 오후였다. 나는 갈월동에 있는 여행사에서 큐슈 레일패스를 찾아 집으로 향하는 길이었다. 처음으로 떠나는 일본 배낭여행 생각에 마음이 좀 들떠 있었다. 합정역으로 가는 6호선 전철을 타려고 삼각지역으로 들어서서 에스컬레이터로 가는 도중이었다. 여자 역무원이 어느 흑인에게 친절하게 "여기로 쭉 내려가세요."라고 하면서 손가락으로 방향을 가리켰다. 보아하니 그 메트로 역무원은 역무실에서 이곳까지 따라 나와 외국인에게 길을 안내하는 모양이었다. '참 친절하기도 해라' 하고 생각하면서 내려가는 에스컬레이터에 몸을 실었다.

그 외국인 바로 뒤에 탄 나는 내려가면서 그 외국인에게 "어디

가는 길이냐?"고 물었다. 그는 영어를 하는 사람이 있다는 사실에 매우 반가워하는 표정이었다. 그는 나에게 "저 아가씨는 매우 친절하긴 한데 영어를 하나도 못해서 답답했다."며 나에게 지하철지도를 보여 주면서 군포를 가야 하는데 어떻게 가면 좋으냐고 묻는 것이었다. 나는 여기서 4호선을 타면 되는데 내가 플랫폼까지 안내해 주겠다고 했다.

어디서 왔냐고 물었더니 남아프리카연방에서 왔다고 했다. 월드컵과 세계적 지도자 만델라 때문에 친숙하게 느껴지는 나라이다. 체격이 크지 않은 그는 커다란 더플백을 끌고 어깨에는 작은 가방을 메고 있었다. 모든 게 낯설고 생소함에 당황한 기색이 완연했고 먼 길을 온 여행객의 피곤함이 얼굴에 묻어나 있었다. 가방이나 행색으로 보아 관광객은 아닌 것 같고 군포에 간다는 것이 일을 하러 오지 않았나 생각되었다. 우리는 금세 개찰구에 도달했고 그에게 먼저 들어가라고 했다. 그런데 그가 전철표를 투입구에 넣자 에러 표시가 뜨는 것이었다. 몇 번 더 시도했으나 결과는 마찬가지였다. 이태원에서 어떤 한국인이 표를 사주었다고 했는데 그 표를 보니 일회 사용권이었고 금액이 모자라서 에러가 뜬다는 것을 알았다. 나는 그에게 표가 잘못된 것 같으니 기계에 확인해 보는 것이 좋을 것 같다고 말했더니 그는 나에게 대신 해달라고 부탁하는 것이었다. 작년 헝가리의 부다페스트에서 자동판매기에서 표 사는데 애먹은 생각이 났다. 헝가리 언어로만 쓰여 있고 화폐 단위는 왜 그렇게 복잡한지 10여 분 이상을 씨름했어도 표를 살 수 없었던 나는 헝가리 사람에게 도움을 받은 경험이 생각이 났다.

우선 일회용 전철표를 확인해보니 잔액이 500원 남았다는 것이 표시되었다. 그러니 당연히 에러 메시지가 뜬 것이었다. 군포까지의 전철 요금을 확인하니 2,000원이 필요하다는 것을 알았다. 나는 그에게 두 가지 점을 확인시켜 주었다. 첫 번째는 이태원에서 6호선을 타고 와서 이곳 삼각지역에서 4호선으로 환승하였어야 했는데 승차구역 밖으로 나온 것이다. 두 번째는 전철의 기본요금이 1,050원인데 군포까지는 거리가 멀어 전철 요금이 2,000원으로, 남아 있는 500원에 추가로 1,500원이 더 필요하다고 말했다. 그는 알았다는 듯이 고개를 끄덕이며 지갑에서 신용카드를 꺼내서 나에게 주며 사용하라는 것이었다. 그런데 일회용 전철표 판매기에는 신용카드를 사용할 수 없었으며 근처에 신용카드로 현금을 뽑을 수 있는 기계도 없었다. 어떻게 해야 하나, 나는 망설이지 않을 수 없었다. 이 친구가 그 무거운 가방을 들고 나가 신용카드로 돈을 인출하려면 여간 힘드는 일이 아닐 것이다. 언어도 잘 안 통하는데다 은행이 어디 있는지도 모르는 상황에서 한국에 온 첫날에 그를 곤경에 처하게 내버려두고 떠나서는 안 될 것 같았다. 나는 지갑에서 2,000원을 꺼내었다. 군포 가는 표를 끊으려고 하는데, 바로 내 앞에서 동남아에서 온 것으로 보이는 남자가 군포로 가는 표를 사는 것이었다. 그런데 이 사람은 한국에서 오래 체류했는지 한글로

된 자판기에 있는 글자를 읽을 줄 알고 있었다. 나는 잘되었다 싶어 그에게 이 흑인 친구도 군포 가는데 같이 갔으면 좋겠다고 했더니 그렇게 하겠다고 했다. 군포까지 가는 표를 끊어 그 친구에게 주며 이 동남아 사람을 따라가라고 했다. 이런 나의 작은 친절에 감격하였는지 목이 약간 잠긴 채로 고맙다는 인사를 몇 번이나 말하는 것이었다. 나는 그에게 한국에서의 체류가 즐겁고 보람찬 시간이 되었으면 한다고 말했다. 그는 미소를 머금은 채 손을 흔들며 동남아 친구를 따라갔다. 그의 코리안 드림이 이루어지길 바라며 집으로 가는 전철에 몸을 실었다.

음용불가

처서가 지난 주말, 남한산성으로 산행에 나섰다. 내가 좋아하는 코스는 마천동의 특전단 앞에서 올라가는 길이다. 완만한 흙길에다 나무가 우거져 있어 한여름에도 햇빛을 받지 않고 걸을 수 있어 좋다.

남한산성에는 주봉인 남한산과 청량산이 있지만 사람들은 산 이름을 불러주지 않고 그냥 남한산성 간다고 한다. 북한산 갈 때에는 북한산성 간다고 하지는 않는다. 남한산은 이름을 불러주지 않아 서운할 것 같다. 아마도 이는 병자호란 때에 삼전도의 치욕을 겪은 민중들은 남한산성이라는 이름이 깊이 새겨졌기 때문일 것이다.

나는 이 코스를 택할 때는 물병에 물을 채워가지 않는다. 마천동 입구에서 반시간 정도 올라가면 좋은 약수터가 있기 때문이다. 갈 때마다 약수터가 아주 깨끗이 되어 있는 것을 보며 어떤 사람들이 선행을 하는 것인지 궁금했다. 청결할 뿐만 아니라 조경도 해놓고 주위를 그럴 듯하게 꾸며 놓았다. 넓적한 돌에 페인트를 흰색으로 칠하고, 그 위에 그린 초록색의 네잎 클로버 옆에 남광천(南光泉)이라는 이름을 써 놓았다. 목마른 등산객들을 위해 빨강과 파란색의 플라스틱 바가지 다섯 개가 가지런히 놓여 있다.

약수터에 도착하니 남자 셋이서 나무를 심고 주위를 정리하고 있었다. 아, 바로 이분들이구나. 나는 반가움에 그들에게 인사를 건넸다.

"안녕하세요? 약수터를 깨끗하게 해주시는 분들이군요."

"뭘요."라고 그들 중 한 사람이 대답했다. 나는 물병을 비우고 약수로 채운 다음 시원한 약수를 기분 좋게 마셨다. 그들과 대화라도 나누려고 하는데, 등산객 두 사람이 물을 마시려고 약수터로 들어왔다. 한 사람은 키가 크고 체격도 당당한 사람이었다. 그는 물을 마시려고 빨간 플라스틱 바가지를 들고 물이 나오는 곳으로 가다가 그 옆에 붙어 있는 팻말에 쓰인 글을 읽었다. 그는 글을 읽다가 갑자기 "어떤 미친놈이 이런 걸 써 붙였어."라고 크게 말했다. 순간 나는 배신감을 느꼈다. 미인의 입에서 표독한 소리가 나올 때처럼 말이다. 겉으로 봐서 멋있는 남자라고 생각했는데 입에서 나오는 천박한 소리에 그런 느낌이 들었다. '혀를 다스리는 것은 나지만 한번 나온 말이 나를 다스린다'라는 말이 있다.

그의 말에 옆에 앉아 있던 나의 인사에 대답했던 아저씨가 "아니, 누구한테 하는 말이요?"라고 약간 어눌한 말투로 신경질적으로 대꾸했다. 그는 일행과 약수터에 나무를 옮겨 심고서 휴식을 취하고 있는 중이었다. 그러자 예의 그 등산객이 말했다.

"이 따위 글을 쓴 사람한테 하는 말이오."

"그 사람이 당신한테 뭐 해되는 일을 했소?"

"당신이 뭔 데 일일이 대꾸하는 거야?"

그는 이제 얕잡아 보는 태도로 하대까지 했다. 이 광경을 지켜보고 있던 대나무처럼 키는 크나 호리호리한 세 명 중 한 사람이 그 등산객에게 말했다.

"저, 아저씨. 이 약수는 음용불가(飮用不可)이니 그냥 가세요."

"여기 음용불가라는 표시가 없는데…."

"수질이 나빠 그렇게 써 붙일 필요도 없어요."

음용불가는 수질검사를 해서 기준치를 벗어나면 써 붙이는 문구다. 그는 바가지를 제자리에 놓고 물도 못 마시고 서둘러 떠났다. 그러자 호리호리한 아저씨는 "정형, 저런 놈하고는 말다툼해 봐야 소용없어. 근본이 돼 있어야지."

나는 예기치 않은 반전을 일으킨 아저씨의 기지에 찬탄을 보냈다. 수질검사는 지자체가 관리하는 약수터에만 있는 것이지 일반 약수는 검사를 하지 않는 것으로 알고 있다. 산중에 있는 약수터에서 나오는 물이 오염이 될 까닭이 있겠는가.

나는 팻말에 쓰인 내용이 궁금하여 읽어 보았다. "광복 70주년을 맞이하여 기쁘기 그지없다. 이런 좋은 때를 맞이하여 남광천을 애용하는 여러분에게 몇 가지 당부 사항을 전한다."라고 시작하여 다소 장황하게 써놓았다. 그런데 그 당부 사항 중에 좀 투박한 표현으로 '약수터에서 쓸데없이 왁자지껄 떠들어대지 말고' 같은 눈에 좀 거슬리는 것도 있었다. 그렇다고 남에게 상처 주는 말을 하여 언쟁을 하는 것은 도리가 아니다. 누가 봐도 이 약수터는 누군가가 관리하고 있다는 것을 알 수 있다. 산행하는 사람들의 목을 축여주는 그들에게 고맙다는 말을 못 할망정 그렇게 매도해서는 은혜를 원수로 갚는 꼴이 되지 않겠는가. 목을 축이지도 못하고 떠난 그는 아둔한 자기중심주의에 빠진 한 사람에 지나지 않았다.

말 한마디에 천냥 빚을 갚는다는 말도 있다. 따뜻한 말 한마디는 경우에 따라서 그 사람의 인생도 바꾸어 놓을 수 있다. 불교에서의 무재칠시(無財七施)는 재산이 없어도 남에게 베풀 수 있는 일곱 가지 방법이다. 그중에도 말로 타인에게 베푸는 언시(言施)는 으뜸 중의 하나다. 사랑의 말, 칭찬의 말, 위로와 격려의 말, 부드러운 말 등 좋은 말이 얼마나 많은가. 남에게 베풀 수 있는 훌륭한 방법이 있는데도 이를 활용하지 못하는 것은 직무유기이다.

말을 잘 못해 물 한 모금 마시지 못하고 떠난 그 남자, 그의 말 버릇도 물 맑고 산세 좋은 남한산성을 찾아올 때마다 산을 닮아 조금씩 순해졌으면 좋겠다.

일체유심조

늦가을의 정취가 온몸으로 느껴지는 10월 말의 남도여행은 우리들의 마음을 한껏 부풀게 하였다. 고등학교 졸업 50주년을 기념하는 여행이라 미국과 캐나다에 거주하는 동창들도 많이 참석하였다. 해외 동창들이 몰려서 앉지 않도록 두 대의 버스에 나누어서 탑승하였다. 버스 안에서는 오랜만에 만난 친구들과 얘기들을 나누느라 정신들이 없다. 나도 옆자리에 있는 인디애나에서 교수를 하다 퇴직한 친구와 이런저런 얘기를 하다 보니 어느새 전주에 도착하였다. 전주에서 유명하다는 식당에 들러 비빔밥으로 점심을 먹고 전주 한옥마을 관광을 하였다. 화창한 날씨에 관광객들로 붐비는 거리를 둘러보는 재미가 쏠쏠하였다.

우리는 다음 목적지인 지리산 뱀사골로 향했다. 가을걷이가 끝난

들판에 두루마리처럼 만들어진 볏단이 여기저기 널려있고 단풍으로 물든 산들의 풍경은 한 폭의 산수화를 보는 것 같다. 만추에 전개되는 정취를 한껏 감상하고 있는데 집사람의 휴대폰이 울렸다. 전화를 받자마자 무슨 놀랄 일이 있는 것 같았다. 얼굴이 금세 슬픈 기색으로 변하더니 병원을 물어보는 것이었다. 전화를 끝내고 나에게 애들 이모부가 죽었다는 비보를 전하였다. 그동안 암으로 투병하던 손아래 동서가 애쓴 보람도 없이 이승을 떠난 것이다. 당일 귀경할까도 생각했지만 교통편이 마땅치 않았다. 그래서 광양에서 자고 내일 아침에 KTX로 가기로 하였다. 인솔자에게 기차표를 부탁해 예약을 하였다.

이런저런 얘기를 하다 보니 어느새 지리산 뱀사골에 도착하였다. 지리산 북쪽 기슭에 위치한 뱀사골계곡은 피아골과 더불어 단풍 경치가 아름답기로 유명한 곳이다. 우리는 버스에서 내려 계곡을 따라 올라갔다. 과연 명불허전(名不虛傳)이었다. 온통 갖가지 색으로 물든 단풍이 세차게 흐르는 계곡물과 어우러져 장관을 이루었다. 여기저기서 탄성을 발하였다. 해가 서산에 기울어 석양이 질 무렵이 되니 햇빛에 반사되는 단풍의 모습이 환상적이었다.

저녁은 유명하다는 광양 불고기였다. 과연 불고기가 아주 부드럽고 입맛에 딱 맞아 평소보다 많이 먹었다. 안주가 좋으니 애주가들이 여기저기서 소주 한 병 더 달라는 소리가 들린다. 그렇게 화기애애한 저녁 시간을 보내고 숙소에 도착했다.

방에서 샤워를 하고 휴대폰을 꺼내 충전시키려고 하였다. 그러나 주머니마다 뒤졌으나 나오지 않았다. 그제서야 휴대폰을 분실한 것을 알았다. 잠바 주머니가 얕아 버스 좌석에서 한번 떨어트린 것을 옆에 있던 친구가 말해 주었던 것이 생각났다.

그렇다면 버스에서 분실했거나 식당에서 밥 먹을 때 빠진 것으로 생각했다. 밤늦은 시간이지만 전화를 몇 번이나 걸었다. 벨소리를 진동으로 해놓았으니 잘 들릴 리는 없을 것이다. 전화기에 찾아주면 후사하겠다는 메시지만 보내 놓았다. 다음날 일찍 아침을 먹고 짐을 꾸린 후에 버스에 갔다. 버스 안에 내가 앉았던 자리와 근처의 바닥을 둘러보았지만 찾을 수가 없었다. 나는 음식점에서 떨어트렸을 가능성이 가장 높다고 생각했다. 아침 9시 전이지만 식당에 전화해 보고 식당 사장과 통화하였다. 친구들과 부인들은 우리 보고 다음 관광지인 남해에 있는 금산 보리암으로 버스를 같이 타고 가자고 하였다. 그러면 식당에서 알아서 연락해줄 터이니 관광도 하고 점심 먹고 서울로 가라는 권고였다. 그러나 나는 식당에서 잃어버린 것이 확실하다고 판단하였다. 거기서밖에 전화기가 빠질 곳이 없다는 생각에 식당에 가봐야 되겠다고 생각했다. 아내도 부인들 얘기가 남자들 고집이 왜 그렇게 센지 모르겠다고 말한다며 버스타고 남해로 가자고 하였다. 그러나 나는 마음이 바뀌지 않았다. 친구들과 허둥지둥 인사를 나누고 우리 둘만 남았다. 조금 있으니 식당 사장한테서 전화가 왔다. 종업원이 습득된 전화기가 없다고 하니 다른데서 분실한 것 같다는 얘기였다. 나는 혹시 구석에 있을지 모르니 직접 확인하겠다고 하였다. 분실된 전화기를 수집하여 외국에 수출한단 얘기를 들어서 종업원이 슬쩍하지 않았나 생각도 했다. 택시를 타고 식당에 도착해 내가 앉아 있던 자리를 살펴봤다. 현장을 확인하고 나니 이제는 분실하고야 말았다는 생각이 드니 마음이 다잡아지는 느낌이 들었다. 사실 제일 걱정되는 것은 저장된 전화번호와 여행하면서 찍은 사진이었다. 전화번호보다는 잘 보지도 않는 사진이지만 혹시 책을 발간할 때 쓰일 수 있다는 것이 아쉬울 뿐이었다. 마음 편히 생각하니 홀가분한 느낌이 되었다. 조금 전까지도 불안과 초조의 마음 상태가 그렇게 변하다니, 모든 일은 마음이 지어 낸다는 일체유심조(一切唯心造)라는 말이 떠올랐다.

아내는 나의 만류에도 불구하고 관광하고 있는 일행에게 전화를 걸었다. 다시 한 번 전화기를 찾아봐 주었으면 고맙겠다는 내용이었다. 서울로 가는 기차를 타기 위해 순천역으로 갔다. 어제 예약한 시간보다 일찍 도착해 역 앞의 빵집에 들어가 커피를 마시면서 KT에 전화기 분실 신고를 하여 사용을 정지시켰다. 그러던 중 집사람의 전화가 울렸다. 전화를 받는 표정이 놀랍고 기쁜 표정이다. 전화기를 찾았다는 낭보였다. 그러나 나는 그렇게 기쁘기보다는 잘됐다는 생각이 들 뿐이었다.

전화기를 찾아준 사람은 지난 봄 미국 여행 하면서 친해진 친구 부인이었다. 그녀는 우리가 앉았던 좌석을 주위에 물어 확인하고는 면밀하게 찾아보았다고 한다. 그런데 내 좌석의 틈바구니에 보일락 말락 하게 전화기가 쏙 들어가 있는 것을 발견했다고 한다. 전화 케이스의 가죽 색깔이 의자 가죽 색깔과 비슷한 황갈색이어서 주의 깊게 보지 않으면 알 수가 없었던 것이다. 아침에 내가 간과한 부분이었다. 하여간 세심하게 배려해준 부인 덕분에 여러 가지 귀찮은 일을 면할 수 있어 다행이었다. 아침에 생각하고 취했던 행동은 '확증 편향'이었던 것 같다. 편향된 마음에는 어떤 의견이나 가능성을 받아들일 공간은 없었다. 모든 일에는 마음의 여유를 갖고 편견을 갖지 않도록 해야 하는 것이란 것을 일깨워주는 사건이었다.

제2의 인생

한참 동안 TV만 틀면 쉽게 들을 수 있는 노래가 있었다.

"야~ 야~ 야~ 내 나이가 어때서~ 사랑에 나이가 있나요~."

경쾌하고 흥겨운 멜로디에 인생 후반 새로운 도전에 나서는 시니어층의 변모하는 의식이 담겨 있다. 성큼 다가온 '100세 시대'를 상징하는 최고의 히트곡이다. 비단 사랑에만 나이가 없는 것은 아니다. 일에도, 자아계발에도 나이 제한은 없다.

2018년 기준으로 한국인의 평균 수명은 남자 79세, 여자 85세이다. 나날이 발전하는 의학기술과 복지 확충을 감안하면 이 수치는 날이 갈수록 늘어날 것으로 예상된다. 회식자리에서 건배사로 9988234를 외치던 때도 20여 년 가까이 되었는데, 요즈음은 120세 얘기가 심심찮게 흘러나온다. 어떻든 간에 그 긴 시간 동안 열정과 에너지를 집중할 대상을 찾지 못한다면 그야말로 큰일이다. 직장에 다닐 때는 하고 싶은 일을 하기에는 시간과 경제적인 이유로 하지 못 했다. 은퇴 후에는 과거에 하고 싶었던 일이나 여가를 즐길 수 있다. 정신적인 젊음을 유지하기 위해서는 호기심을 일으키는 대상을 찾아야 한다. 모든 사람은 특정한 재능을 타고 나는데 본인은 그것이 무엇인지 모르는 경우가 많다. 은퇴 후 성공적인 삶을 살았거나 살고 있는 몇 가지 사례를 소개한다.

첫 번째로 미국의 해리 리버맨 이야기이다.

리버맨은 29세의 나이에 단돈 6달러를 가지고 폴란드에서 미국으로 건너갔다. 처음에는 할렘가의 유대인 지역에서 현금출납원을 했고 이후 장사를 열심히 하여 상당한 재산을 모았다. 77세가 되던 해에 은퇴하여 조용한 삶을 보내고 있었다. 그는 노인학교에 나가 지인들과 잡담을 하거나 체스를 두는 것이 고작이었다. 그러던 어느 날, 한가로이 노인 클럽에서 체스 상대를 기다리고 있는데 클럽의 젊은 봉사자가 다가와 말을 붙였다.

"그냥 그렇게 앉아 계시느니 미술실이나 가서 그림이나 그리시지요."

그러자 해리 리버맨은 조금 당황해서 물었다.

"내가 그림을? 나는 붓 잡을 줄도 모르는데…."

"그야 배우면 되지요."

"그러기엔 너무 늦었어. 나는 이미 일흔이 넘었는 걸."

"제가 보기엔 할아버지의 연세가 문제가 아니라, 할 수 없다고 생각하는 할아버지의 마음이 더 문제 같은데요."

젊은이의 그런 핀잔은 리버맨으로 하여금 미술실을 찾게 했다. 그림을 그리는 일은 생각했던 것만큼 어렵지도 않았으며 풍부한 인생 경험으로 인해 성숙한 그림을 그릴 수가 있었다. 붓을 잡은 손은 떨렸지만 그는 매일 거르지 않고 그림에 정진하여 좋은 작품을 그리게 되었다.

그가 바로 바로 미술평론가들이 '미국의 샤갈'이라고 극찬했던 해리 리버맨(Harry Lieberman)이다. 그는 많은 사람들의 격려 속에서 죽을 때까지 수많은 그림을 남겼으며 백한 살에 스물두 번째 전시회를 마지막으로 삶을 마쳤다.

두 번째 이야기는 세계 최고령 할머니 앱 개발자 이야기이다.

일본에서 이른바 '슈퍼 IT할매'로 불리는 와카미야 마사코(若宮正子)는 고졸 은행원으로 정년퇴직한 후 디지털 전도사가 되었다. 1936년생인 그녀는 60세가 돼서야 컴퓨터를 처음 접했다. 고등학교 졸업 후 43년간 미쓰비시 은행에만 다녔고, 퇴직 후에는 치매를 앓는 노모를 돌보느라 바빴다. 그러다가 애플의 개인용 PC '맥'을 샀다. 스스로 참고 서적을 읽어가며 애플의 프로그래밍언어 '스위프트'를 배웠다. 모르는 부분은 2주일에 한 번씩 미야기현에 사는 엔지니어에게 자문을 받았다고 한다. 와카미야 할머니는 "모바일을 통해서, PC를 통해서 얼마나 많은 것을 할 수 있는데 그 재미를 왜 놓치느냐."고 말했다.

2017년에는 '하나단' 게임을 개발하면서 화제를 모았다. 하나단 게임은 일본 헤이안 시대의 전통 인형 12개의 올바른 위치를 찾아 단상에 올리는 게임이다. 이를 계기로 같은 해 전 세계 프로그래머가 모이는 애플 개발자대회에서 기조 연설도 하고, 애플의 최고경영자 팀 쿡도 만났다. 최근 한국도 방문한 와카미야는 80세가 넘어 인생의 황금기를 구가하고 있다.

세 번째 이야기는 유튜브로 최상의 인기를 누리고 있는 할머니 이야기이다.

최근 들어 유튜브의 인기가 하늘로 치솟고 있다. 그 위력은 상상을 초월하고 있다. 방탄소년단(BTS)이 빌보드 챠트를 석권하고 비틀스와 필적하는 전설적 그룹으로 성장한 것도 유튜브가 있었기 때문이다. 미취학 아동의 유튜브 채널이 인기를 끌면서 연수입이 수십억을 넘는다는 기사도 보았다. 그런데 유튜브는 젊은 사람들의 전유물이 아니다. 인생의 황혼기에 최고의 전성기를 구가하고 있는 유튜버가 있다. 1947년생인 박막례 할머니가 그 주인공이다. 유튜브 채널 'Korea Grandma'로 활동하고 있는 그녀는 이백만 만 명이 넘는 구독자를 거느리고 있다.

70을 훌쩍 넘긴 나이에도 모든 일에 유연하고 도전적인 모습으로 살아가고 있다. 영어도 잘 못하고 금방 들은 말도 돌아서면 잊어버리지만 특유의 정 많고 배려하는 모습이 동네 할머니를 보는 느낌이다.

박막례 할머니가 지금과 같은 유튜브 스타가 될 수 있었던 배경에는 손녀 유라 씨가 있다. 유라 씨는 할머니가 병원에서 '치매 위험군'이라는 이야기를 듣고 미련 없이 회사에 사표를 내고 할머니와 호주 여행길에 올랐다.

유튜브를 시작하게 된 계기는 할머니에 대한 배려에서 출발한 것이었다. 호주 여행에서 찍은 영상을 가족들과 함께 다 같이 보고 싶은데, 영상의 용량이 너무 커서 카카오톡이나 문자 메시지로는 공유할 수가 없었던 것이 문제였다. 결국 페이스북과 같은 플랫폼에 올려야만 할머니도 자신이 나온 영상을 시청할 수 있는데, 할머니가 가입 없이 편하게 영상 시청을 할 수 있는 플랫폼으로 유튜브가 가장 적합했다고 한다.

유명세를 타기 시작하면서 그녀의 활동 범위도 넓어져 매스컴에서의 인터뷰가 줄을 잇고 해외 영화제에 톱스타들과 어깨를 나란히 하기도 한다. 자신의 자서전인 『박막례, 이대로 죽을 순 없다』를 펴내 베스트셀러 반열에 올려놓기도 했다. 이 책은 BBC에 소개되기도 하였다.

유튜브의 사장인 수잔 워친스키가 그녀를 만나기 위해 한국을 방문하기도 하였고, 구글 사장인 순다 파차이와의 만남도 가졌다. 순다 사장은 "할머니는 그 누구보다도 나에게 영감을 준다."라며 찬사를 아끼지 않았다.

위의 예에서 본 것처럼 누구도 유명해지거나 부와 명예를 얻으려고 시작한 것은 아니었다. 우연한 기회에 그 기회를 놓치지 아니하고 잠재적으로 가지고 있던 재능을 꽃피우게 한 것이다. 그들처럼 성공하거나 유명해지기는 어렵겠지만, 자기가 좋아하는 일에 몰두하고 새로운 것을 좇아 배우고 적극적으로 익히려 노력하면 정신건강에도 좋고 보다 즐거운 제2의 인생을 보내게 될 것이다.

채움과 비움

2012년 12월 26일 이사를 했다. 세밑 바로 전인 크리스마스 다음날은 이번 겨울 들어 가장 추운 영하 15도를 기록한 혹한의 날씨였다. 이런 날씨에 이사를 하게 될 줄이야 생각도 못했었다. 인생 항로에도 갑작스럽게 변경되는 경우가 있듯이 무슨 일이든 어쩔 수 없이 일어나는 때가 있다. 연초부터 내놓은 합정동의 개인 주택은 개미 한 마리 찾아오지 않아 포기하고 있었는데 갑자기 늦가을에 팔려버린 것이다. 극심한 부동산 불황에 아파트도 매매가 없는데 개인 주택이 팔렸다는 것은 거의 뉴스에 가까운 사건이었다.

잔금을 건네기 직전 부동산 사무소에서 전화가 왔다. 집이 주택 등기가 안 되어 있다는 것이었다. 이게 무슨 소리인가. 나는 어안이 벙벙했다. 집을 소유한 지가 30년이 넘었고 토지와 주택에 대한 재산세를 30년 동안 꼬박꼬박 내왔는데 그동안 무허가 주택에 살았단 말인가. 나는 다음날 공덕동에 있는 등기소를 찾았다. 등기부등본을 떼어보니 과연 나대지로 되어 있고 건축물이 없었다. 나는 직원에게 가지고 간 옛날 등본을 보여주며 어떻게 된 거냐고 물었더니, 집주소가 80년대 말에 망원동에서 합정동으로 바뀌는 과정에서 잘못된 것 같다고 하였다. 이것을 정정하느라 하루 종일 부산하게 움직였다.

아이들이 직장이 강남 쪽이라 강남으로 이사 가자고 일 년 전부터 집사람한테 조르더니 갑작스럽게 집이 팔렸다. 헌데 이사 가는 잠실의 아파트는 33평형이라 지금 사는 집보다 작은 데에 문제가 있었다. 대전에서 살던 50평대의 살림을 그대로 가지고 왔었는데 새로 이사 가는 아파트는 공간이 턱없이 부족했다. 다운사이징을 해야 했다. 그래서 집사람은 결단을 내려 장롱과 옷장, 침대, 책상, 책장 등 가구 전체를 새로 바꾸기로 하였다. 그리고 옷이며 책이며 살림살이에 대한 대대적인 정리에 들어갔다. 결혼한 지 30여 년이 지났지만 계속 채우기만 했지 그동안 비울 기회가 없었다. 하나하나에 대하여 버려야 할지 가지고 가야 할지를 결정하는 것이 쉽지가 않았다. 모두 식구들의 손때가 묻고 정이 든 것이기 때문이다. 작은 것 하나 버리지 못하는 것이 우리의 마음인데, 법정스님의 무소유 철학은 얼마나 어려운 것인지 새삼 느꼈다. 우리는 태어나면서부터 본능적으로 채움을 갈구하게 되어 있지만 비움은 후천적으로 느끼거나 깨닫는 데서 출발하기 때문에, 채움보다는 비움이 어려운 것이라 생각된다. 나는 깨달음이 늦어져 아직도 비움을 제대로 못하는 것 같다.

이사를 하는 당일 날씨가 올해 들어 최저 기온이라고 하지만 잡다한 일에 치여 그렇게 추운 줄을 몰랐다. 이사 가는 전날까지 아이들은 버릴 것을 선별하느라 거의 잠도 못 잤다고 했다. 아침 일찍 도착한 이삿짐센터 직원들이 부산하게 이삿짐을 포장하고 차에 싣기 시작한다. 그런데 이삿짐 다루는 솜씨가 체계적이지도 않고 숙련되지 못하고 거칠었다. 집사람이 포장 이삿짐센터 세 군데에서 견적을 받아 제일 싼 곳으로 정했다고 했는데 아무래도 잘못 정한 것 같다. 나는 집사람과 세 아이들이 마지막 정리와 이삿짐 싣는 것을 거들어주고 있었기 때문에 잠실 아파트로 일찍 출발하기로 하였다. 현관문을 나서자 자그마하지만 그런대로 사시사철 눈을 즐겁게 해주던 정원이 눈에 들어온다. 지난여름 바람에 휘어진 대추나무를 곧게 세워보려고 담벼락에 못을 박고 줄로 당겨 놓았는데 부질없는 짓이 되어 버렸다. 묘목을 사다 심은 지 2년 만에 두 개의 대추가 열렸었다. 작은 대추나무에 앙증맞게 열린 두 개의 대추는 우리들의 기쁨이었다. 내년에는 가지마다 주렁주렁 대추가 달려 있을 것을 상상하니 마음이 여간 흡족하지 않았었다. 아쉬움을 뒤로하고 잠실로 향하였다.

오후가 되어 이삿짐을 실은 차가 아파트에 도착하였다. 그런데 이삿짐센터 일꾼들이 짐을 올려 정리하는 것이 일반 이삿짐 회사보다도 더 못하였다. 이 회사는 이름만 '포장 이삿짐센터'구나 생각되었다. 싼 게 비지떡이란 말이 딱 맞아떨어진 경우였다. 그들의 거칠고 투박한 일처리에 애들이 참다못해 짐만 올려놓고 가라고 했다. 거실에는 이삿짐센터의 플라스틱 상자가 무슨 창고에 물건이 쌓여 있는 것처럼 놓여있다. 이 방 저 방에는 침대, 붙박이장과 책장 등을 설치하는 가구회사 직원들로 부산하다. 어떻게 정리해야 할지 엄두가 안 나고 마음만 심란하다. 저녁이 되어 중국집에 밥을 시켜먹고 난 후 집사람이 둘째에게 맡겼던 금붙이가 어디 있느냐고 물었다. 그제서야 정신이 들은 둘째가 제방에서 찾아보니 일부가 없어진 것을 알고 얼굴이 노래졌다. 아무래도 손을 탄 것 같다. 둘째에게서 상황 설명을 들으니 이삿짐을 나른 일꾼들 소행인 것 같다. 집사람은 그 다음날 파출소에 신고를 하였다. 몇 시간 후 경찰이 집에 방문 하였으나 심증은 가나 물증이 없어 수사하기는 곤란하다고 하였다. 아마도 이 사건은 이제부터라도 비움의 정신을 가지라는 메시지인 것처럼 느껴진다.

대전에서부터 쓰던 책장은 진한 갈색의 나무 책장이었다. 견고하게 만들어졌고 색상도 좋아 나는 새집에 가지고 갈 요량이었는데 집사람과 아이들이 반대하는 것이었다. 아파트의 도배 색깔이 흰색 바탕이라 어울리지 않는다는 것이었다. 이사하기 바로 전날 나는 책장을 바꾸기로 하고 마침 세일을 하고 있는 H가구에 옅은 나무색의 책장을 주문하였다. 문제는 주문이 폭주하여 일주일 이후에나 배달된다는 것이었다. 나의 손때가 묻은 책들이 처량하게 거실 구석에 처박혀 있다. 빨리 책장이 들어와 마지막 남은 짐이 정리되어야 내 마음의 이사도 완성될 것 같다.